Kursbuch 218
Von Natur aus

Druckprodukt mit finanziellem
Klimabeitrag
ClimatePartner.com/12752-1803-1001

Zum Ausgleich für die entstandene CO_2-Emission bei der Produktion dieses Buches unterstützen wir die Bereitstellung von effizienten Kochöfen in Sambia. Die verbesserten Kochöfen verbrauchen zwei Drittel weniger Brennmaterial und verringern so nicht nur den CO_2-Ausstoß, sondern auch die Rodung der lokalen Wälder. Durch die bessere Luftqualität in den Räumen werden Atemwegserkrankungen verringert, und Familien können Zeit und Geld sparen, da weniger Brennmaterial benötigt wird.

Das Kursbuch erscheint viermal im Jahr.
Das Heft kostet einzeln € 16,–
Das Jahresabo (4 Ausgaben) kostet € 52,–
Im Internet: https://kursbuch.online

Kursbuch Kulturstiftung gGmbH
Miramar-Haus, Schopenstehl 15, 20095 Hamburg
Tel.: 040/39 80 83-0
V. i. S. d. P.: Peter Felixberger
Verleger: Sven Murmann

ISBN 978-3-96196-349-2
ISSN 0023-5652

Druck: Steinmeier GmbH & Co. KG, Deiningen
Printed in Germany

Zuschriften bitte per Mail an: kursbuch@kursbuch.online
Abonnenten-Service: abonnements@kursbuch.online
Pressevertrieb: PressUp GmbH, Wandsbeker Allee 1, 22041 Hamburg. www.pressup.de

Armin Nassehi
Editorial

Eine der ersten und bis heute bekanntesten malerischen Naturdarstellungen ist der »Feldhase« von Albrecht Dürer, gemalt 1502, also vor mehr als 500 Jahren. Ich glaube, das Bild haben die meisten Menschen vor Augen. Das Besondere an dem berühmten Aquarell ist, dass es nur eine Darstellung eines Feldhasen ist – zuvor sind Tiere ausschließlich in mythologischen oder religiösen Kontexten gemalt worden. In diesem Fall genügt das Tier sich selbst. Es wird gewissermaßen eingerahmt (im wahrsten Wortsinn), dekontextualisiert. Es interessiert nur die Gestalt des Tieres in seiner natürlichen Erscheinung. Man bezeichnet dieses Bild, wie eingangs schon erwähnt, oft als eine der ersten Naturdarstellungen oder Naturstudien – und darin ist bereits die ganze Spannung des Natürlichen auf den Begriff gebracht: Es ist eine (künstliche) Darstellung des Natürlichen, in diesem Fall eines Tieres, das jeglichem symbolischen Sinnüberschuss entzogen wird. Nun kann man kunstgeschichtlich sagen, dass dieser Verzicht auf jeglichen Sinnüberschuss genau den Sinnüberschuss ausmacht, nämlich geradezu provokativ nur das Tier zu zeigen. Aber man sieht kein Tier, sondern nur das Bild eines Tieres. Und man sieht auch beim Anblick der Natur nicht die Natur, sondern nur das, was man sieht.

Der Natur kann sich letztlich nichts entziehen, auch nicht all das, was wir nicht zum Natürlichen im engeren Sinne rechnen. Und doch ist es immer nur eine Darstellung der Natur, ihr Bild, ihr kulturelles Verständnis, über das wir verhandeln können. Die heutige Darstellungsprovokation eines Feldhasen wäre dann wahrscheinlich nicht eine naturalistische (sic!) Abbildung, sondern der genetische Code dieser Spezies. Noch abstrakter – und vielleicht sogar in einem bestimmten Sinne noch näher an seiner Natur?

Um die Spannung zwischen dem Natürlichen und seiner (kulturellen, sozialen, historischen, praktischen, wissenschaftlichen, nachahmenden etc.) Darstellung und Darstellbarkeit kreisen die Beiträge dieses *Kursbuchs* »Von Natur aus«. Besonders sichtbar wird diese Darstellungsfrage in Jan Schwochows Grafiken, die einen der für alles Leben und seine Natur auf der Erde wichtigsten Prozesse darstellen: die *Photosynthese*, die mithilfe des Sonnenlichts entscheidende Hauptbausteine des Lebens ermöglicht: Glukose und Sauerstoff. Dürers Darstellung des Feldhasen von 1502 kann man naturalistisch nennen. Die grafische Darstellung der Photosynthese ist eine wissenschaftliche, in chemischen Formeln, aber auch in symbolischer Anschauung. Beide Grafiken zeigen dasselbe, aber in unterschiedlichen Abstraktionsgraden. Olaf Unverzarts kleine Risografie-Reise basiert auf der besonderen Art eines Siebdruckverfahrens, das aus Japan stammt. Die Bilder entstammen der Serie »Heat is on« und zeigen Nebenfolgen und Risiken globaler Naturzerstörung.

Die Essays dieses *Kursbuchs* variieren alle die Spannung zwischen Natur und kultureller/gesellschaftlicher (Darstellungs-)Praxis – und stoßen alle darauf, wie wenig trennscharf diese Unterscheidung ist. Das gilt für Jürgen Dollases Überlegungen über kulinarische Natürlichkeit, für Nicole Karafyllis' Nachdenken über Biofakte, für Roman Kösters Müllreflexion sowie für Manuela Lenzens Analyse des Verhältnisses von KI-Sprachmodellen und natürlicher Sprache und für Wendy S. Parker über Natursimulationen, ebenso für meine Naturszenen. Und das Interview, das Peter Felixberger mit Eva von Redecker geführt hat, beschreibt Lebensformen als Stoffwechsel mit der Natur.

Die Intermezzi zum Heftthema stammen diesmal von Jan-Niclas Gesenhues, Christiane Grefe, Florian Heinen, Sven Murmann und Maren Urner. Sie thematisieren die Grenzen der Natur, die politischen Bedingungen für Naturschutz, menschliche Emotionen, Kindheit sowie das Phänomen der Landschaft, in dem sich die oben genannte Spannung besonders deutlich zeigt.

Und schließlich das inzwischen elfte »Islandtief«: Berit Glanz widmet sich diesmal der isländischen Esskultur – zwischen Food Halls, in denen unterschiedliche Fast-Food-Angebote unter einem Dach zusammengeführt werden, und einer New Nordic Cuisine.

Jan Schwochow

EINE QUELLE, ZWEI GRAFIKEN

Warum kompliziert, wenn es einfach geht?

Es liegt in der Natur des Menschen, komplexe Sachverhalte vereinfachen zu wollen, insbesondere bei der visuellen Verarbeitung von Informationen. Durch diese Vereinfachung können wir Daten schneller verstehen und raschere Entscheidungen treffen. Um dieses Phänomen zu verdeutlichen, habe ich aus einem Thema, der Photosynthese, zwei Grafiken erstellt.

Die erste Grafik präsentiert eine einfache Darstellung, die sich in wenigen Sekunden erfassen lässt. Wir verstehen schnell, worum es geht, und die Grafik kommt nahezu ohne Text aus. Eine solche Grafik eignet sich beispielsweise für Schüler in der Grundschule. Die andere Grafik hingegen, die einen komplexen wissenschaftlichen Ansatz verfolgt, erfordert mehr Aufmerksamkeit. Es braucht Zeit, um alle Prozesse zu verstehen, und eine intensive Konzentration ist erforderlich.

Als Infografiker kann ich den Leser unterstützen, beispielsweise durch eine klare Struktur mit Verwendung von Pfeilen und Farbcodes. Tatsächlich bietet der verfügbare Raum oft nicht genug Platz, um alle Informationen angemessen darzustellen. Ich könnte also noch tiefer in die Materie eintauchen. Dennoch ist es beeindruckend, beide Grafiken nebeneinander zu betrachten, da sie denselben Sachverhalt vermitteln.

Bevor ich mit meiner Arbeit beginne, frage ich mich, wer mein Zielpublikum ist. Welches Alter haben sie? Welche Bildung haben sie? Wie viel Platz steht für die Grafik zur Verfügung? Was kann ich dem Leser zumuten? Was ist relevant? In unserer hektischen Zeit ist die Aufmerksamkeitsspanne der Menschen entscheidend. Leider sind viele Prozesse komplex und lassen sich nicht immer vereinfacht darstellen. Auch ich muss mich oft stundenlang mit einem Thema auseinandersetzen, und gute Ergebnisse erfordern Zeit. Die Corona-Pandemie hat gezeigt, wie wissenschaftliche Erkenntnisse oft auf oberflächliche Weise verbreitet wurden, was zu Missverständnissen führte und unsere Gesellschaft gespalten hat. Doch unsere Welt ist nun einmal komplex. Die Faszination meiner Arbeit als Infografiker liegt darin, eine Brücke zwischen diesen beiden Welten zu schlagen und die passende Grafik für verschiedene Zielgruppen zu erstellen: nicht zu oberflächlich, aber auch nicht zu kompliziert.

Energie und Sauerstoff aus Licht

Während der Photosynthese nutzen Pflanzen Sonnenlicht, um Kohlendioxid aus der Luft und Wasser aus dem Boden zu absorbieren. Durch diesen Prozess wandeln sie diese Rohstoffe in Glukose (Zucker) und Sauerstoff um. Die Glukose dient als Hauptenergiequelle für das Pflanzenwachstum und andere Stoffwechselprozesse, während der freigesetzte Sauerstoff die Atmosphäre bereichert und für viele Lebewesen lebenswichtig ist.

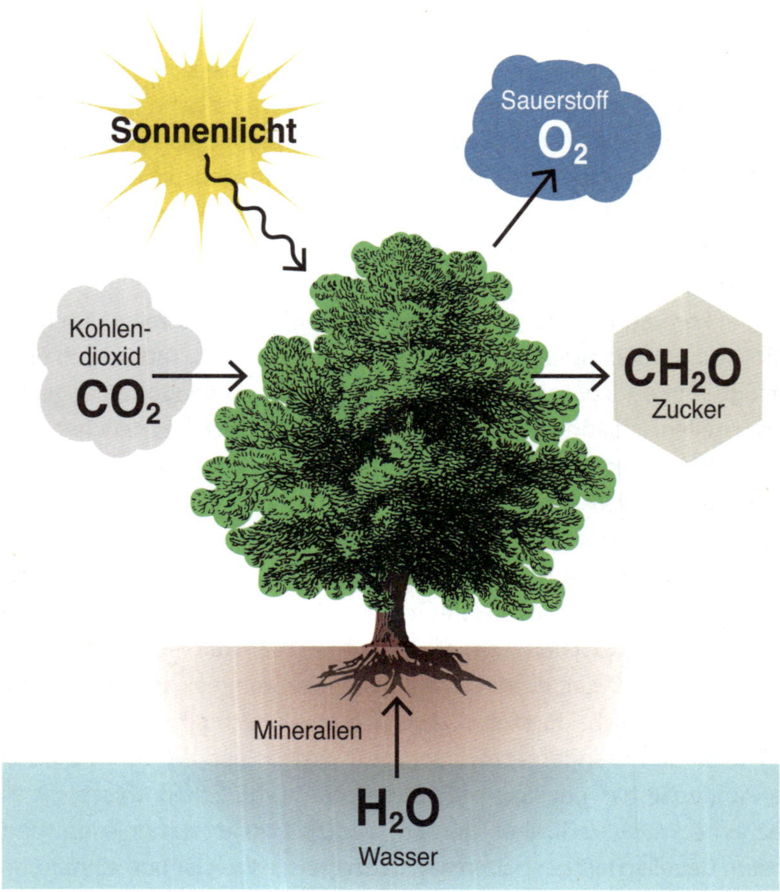

Quelle: Wikipedia

Die Faszination der Photosynthese

Die Photosynthese ist komplex, weil sie Lichtenergie in chemische Energie umwandelt und Kohlendioxid zu Glukose verarbeitet. Der Calvin-Zyklus ist entscheidend, da er die Glukoseproduktion ermöglicht, die für das Pflanzenwachstum und die Sauerstoffproduktion unerlässlich ist. Ohne diesen Zyklus wäre die Photosynthese nicht effizient genug, um die Grundlage für das Leben auf der Erde zu schaffen.

Die Vorgänge im Chloroplast einer Pflanzenzelle: Elektronentransport → Photonentransport →

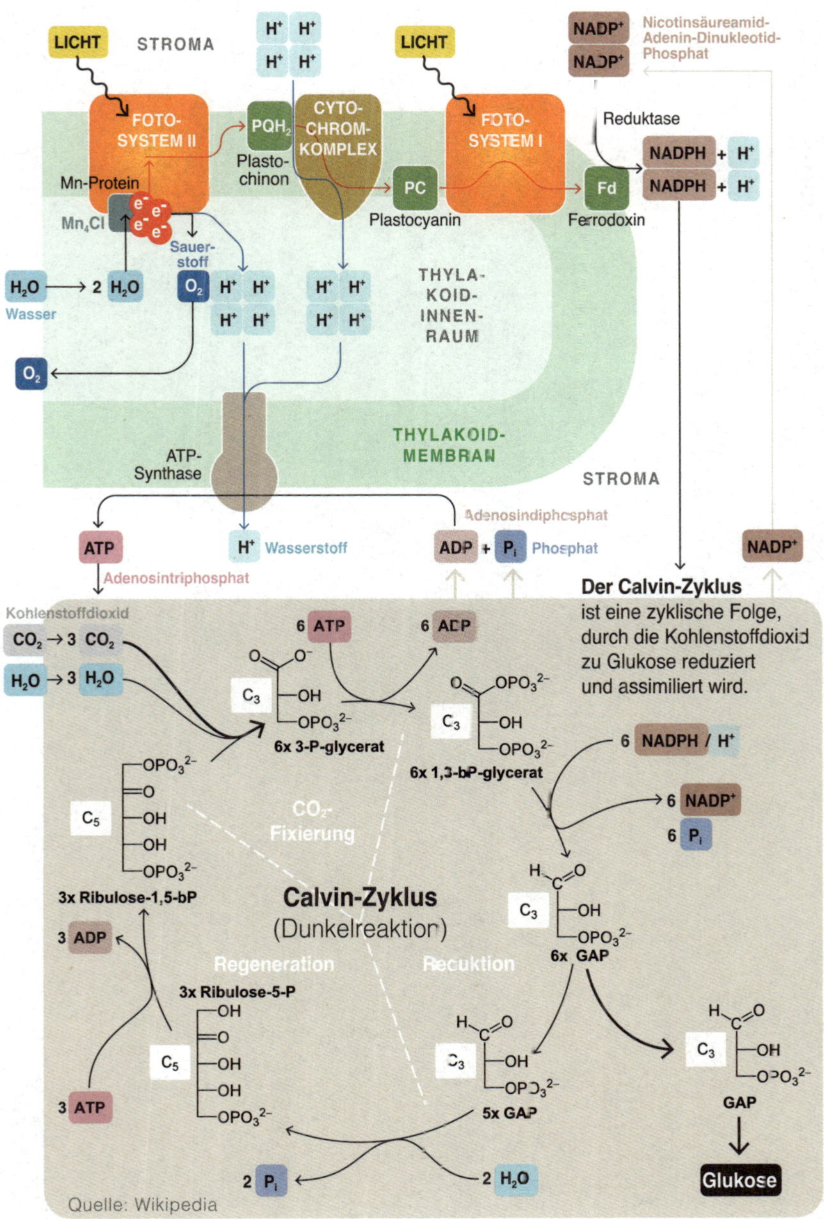

Quelle: Wikipedia

Olaf Unverzart
Heat is on

»Es gibt nichts, was es nicht gibt.« Zu sehen sind Risografien auf Grundlage von Reels aus dem World Wide Web.

Mavericks, Texas, 2024

Jürgen Dollase

Wann ist Essen von Natur aus gut?

Ein Diskurs über kulinarische Natürlichkeit

Der Begriff »Natürlichkeit« scheint heute, im Zeitalter von »Bio«, Slow Food und vermehrt fleischlosem Genuss, geradezu selbstverständlich zu gutem Essen und dessen Herstellung zu gehören. Er ist weitestgehend positiv gefüllt, wird oft ein wenig unterschiedlich radikal interpretiert und gerne – sowohl von bestimmten Formen der Gastronomie als auch vom Handel und der Nahrungsmittelindustrie – instrumentalisiert. Das wird vermutlich mehr oder weniger so bleiben – es sei denn, man beginnt, die Frage zu stellen, was man im kulinarischen Bereich eigentlich unter »natürlich« versteht. Dann wird es tückisch und reichlich komplex.

Beginnen möchte ich mit einem der rund um die Kochkunst am häufigsten bemühten Sätze, der von Maurice Edmond Sailland, genannt Curnonsky (1872–1956), stammt: »Um (gute) Küche handelt es sich dann, wenn die Produkte so schmecken, wie sie schmecken.« Zusammen mit Sätzen wie: »Das Produkt ist der Star« (Paul Bocuse, Eckart Witzigmann und andere) ergibt sich ein Bild wünschenswerter Qualitäten, das man angesichts der Realitäten in etwa so umschreiben kann: Es gibt sehr gute Produkte mit einer für das Endergebnis ausschlaggebenden Qualität, die ohne sie nicht erreicht werden kann. Wenn man sie einsetzt, sollte man es so tun, dass sie als solche auch erkennbar sind. Tut man dies, ergeben sich beste Voraussetzungen für eine gute Küche. Tut man dies nicht, entsteht eben keine gute Küche.

De facto und mit der Rezeptionsgeschichte solcher Aussagen im Hinterkopf (also der Verknüpfung bestimmter Kochstile/Köche mit diesem Satz) geht es etwa um ein Bresse-Huhn, das man mit Salz und Pfeffer würzt, in Butter (oder Olivenöl) anbrät und anschließend im Ofen und unter mehrfachem Überglänzen – zuerst mit dem Bratensaft, später vielleicht auch noch mit frischer Butter – zu einem wunderbar schmeckenden Huhn mit einer leicht knusprigen Kruste vollendet. Solche Manipulationen stehen der Forderung nach einem ursprünglichen Geschmack offensichtlich nicht entgegen. Man könnte sagen: Wenn auch nach solchen Manipulationen das Produkt im Sinne des Curnonsky-Satzes so schmeckt, wie es schmeckt, scheint es bei diesem Huhn einen natürlich gegebenen Geschmack nicht zu geben, sondern nur ein Artefakt, einen Zustand, den man gleichwohl als naturnah im Gegensatz zu einem unerwünschten, umfassend manipulierten Geschmack definiert.

Jetzt stellt sich allerdings die Frage, ob ausgerechnet die Kochkunst am Ende eher nicht im engeren Sinne »natürlich«, sondern – logisch folgernd – eher unnatürlich ist? Redet man deshalb von »Produkten«, womit man in der Kochkunst üblicherweise sowohl rohe, natürlich vorkommende Objekte als auch solche meint, die erst nach umfangreichen Bemühungen entstehen? Also sowohl wild gesammelte Muscheln an einer felsigen Küste als auch ein sorgsam und mit einem bestimmten Futter »erzeugtes« Eichelmastschwein? Ist vielleicht nur »roh« natürlich, und wenn dem so ist, gilt das ohne Einschränkungen?

Was ist auf der Produktseite »natürlich«? Suche nach objektiven Aspekten

Zu ermitteln, was als »natürlich« gelten kann, und wie »natürliche Gerichte« aussähen, führt schnell in einen Bereich, der vielen Menschen kaum bewusst sein dürfte. »Natürlich« im Sinne von »ohne Eingriff des Menschen« sind nicht mehr viele potenziell kulinarisch nutzbare Objekte. Das sorgsam gezüchtete Fleisch wird so, wie es dann ist, weil man von der Auswahl der Tiere über deren Futter bis zu einer bestimmten

Schlachtvorbereitung und -prozedur und einer bestimmten Reifung für das Fleisch an vielen Stellen steuernd eingreift. Bei den Fischen scheint es offensichtlicher zu sein, weil der Fang mit der Leine vom kleinen Kutter den Zugriff auf ein Tier sichert, das in freier Wildbahn und ohne steuernde Einflüsse aufwächst (wenn man von der »Natürlichkeit« des Wassers absieht, in dem der Fisch gelebt hat). Das Reh aus normaler Jagd im Elsass gilt als besonders gut, weil es sich in großen Wäldern mit vielfältigen Gewächsen gut ernähren kann und deshalb eine besonders traditionelle, natürliche Qualität erreicht – im Gegensatz zu Wild, das wie andere Nutztiere in Gehegen mit kontrolliertem Futter gehalten wird. Beim Angebot in Geschäften und Supermärkten kann man weitestgehend von »Produkten« im engeren Sinn ausgehen, also einer zweckmäßig manipulierten Aufzucht, deren Natürlichkeit – etwa bei der industriellen Erzeugung von Schwein und Geflügel – bisweilen nahe null liegt.

Wer aber denkt schon daran, dass – sagen wir – die Karotten oder Kartoffeln fast keinen »Nullpunkt« mehr haben, bei dem man von Natürlichkeit sprechen kann, sondern weitestgehend hochtechnisch entwickelte Sorten sind, die zwar noch bestimmte gustatorische Qualitäten haben sollen, vor allem aber ertragreich, möglichst unempfindlich gegen Witterungseinflüsse und nach der Ernte möglichst lange haltbar sein müssen? Oder dass es beim Wein nicht einfach »die« Riesling- oder Chardonnay-Rebe gibt, sondern eine Vielzahl ganz unterschiedlicher Klone, die oft so präzise eingestellt sind, dass sie dem Winzer je nach Boden und Klima das bestmögliche (oder gewünschte) Resultat bringen? Übertragen auf die Weiterverwendung solcher Produkte in Gastronomie und Nahrungsmittelindustrie kann man von Produktseite davon ausgehen, dass es heute nicht nur Fertiggerichte, sondern auch viele Gerichte in allen möglichen Restaurants von Fast Food bis zur Gourmetküche gibt, die keine Naturprodukte in diesem eigentlichen, analytischen Verständnis sind.

Was ist kulinarisch-gastronomisch gesehen »natürlich«? Suche und Diskussion von Beispielen

Wie aber sähe unter diesen Voraussetzungen ein Gericht aus, das man zumindest einigermaßen als »natürlich« bezeichnen könnte? Vielleicht ein Austerngericht mit besten Fines de Claires der Größe 2 aus Cancale in der Bretagne, einer Beurre blanc mit bester französischer Butter plus einer Kräuteremulsion? Nicht wirklich, weil die Austern, die in Klärbecken gezüchtet werden, nicht wilde Austern, sondern sehr präzise gezüchtete sind, die Butter vielleicht nicht Rohmilchbutter, sondern pasteurisierte Butter aus industrieller Fertigung ist, einen standardisierten Geschmack hat und weit entfernt von einer Art »Lagenbutter« ist, die von Kühen stammt, die auf einem bestimmten Terroir leben (so etwas gibt es zum Beispiel bei Camembert), und weil die Kräuter aus einer systematischen Erzeugung großer Betriebe stammen, also keine Wildkräuter sind.

Wären wilde Austern mit einer Beurre blanc auf der Basis von Rohmilchbutter aus absolut ländlicher Erzeugung, von Kühen, die auf Wildwiesen mit Wildkräutern grasen, mit einer Emulsion von Kräutern, wie sie wild auf Salzwiesen am Meer wachsen, natürlicher? Schon eher oder sogar weitestgehend. Aber in welcher Menge könnte so etwas erzeugt und genutzt werden, um »Natürliches« wirklich nennenswert zu verbreiten? Im Handel oder bei Fertiggerichten würde man das sicher nicht finden, sondern höchstens bei einigen wenigen spezialisierten Gastronomiebetrieben, die ihre eigenen Gärten und handverlesene, adäquat arbeitende Erzeuger im Hintergrund haben (was es bisweilen gibt, etwa »La Chassagnette« südlich von Arles in der Provence). Oder wie sieht es mit den Fetischgerichten vieler vegetarisch-veganer Konsumenten aus, also den diversen Bowls mit ihrem Mix aus Grünzeug und Körnern aller Art? Auch hier hält sich die Natürlichkeit in der Regel weitestgehend in Grenzen, weil die Gerichte längst in Mode sind und massenhaft angeboten werden, wo immer auf billigste Rohstoffe geachtet wird, die häufig aus den großen Gemüse-etc.-Farmen der

Welt stammen, wo »gedopte« Pflanzen statt auf natürlichem Boden mit Nährstofflösungen, verkürzten Tagen durch Lichtmanipulationen und natürlich künstlicher Bewässerung zur Optimierung des schnellen Wachstums erzeugt werden.

Will man also wenigstens einigermaßen objektivieren, was kulinarisch als »natürlich« gelten kann, reduziert man das, was als Ernährung infrage kommt – zumindest für die Verhältnisse in den »zivilisierten« Ländern –, auf ein Minimum. Das gilt gleichermaßen für Omnivore (also Menschen, die im Prinzip alles essen) wie auch für Vegetarier (die ja noch die Fische hätten) und Veganer.

Wenn die Kochkunst nur begrenzt »natürlich« ist, was ist sie dann?

Die Kochkunst im klassischen Verständnis sollte man vor diesem Hintergrund in erster Linie als ein elaboriertes und elaborierendes System verstehen, das in seinen besten Ausprägungen darauf achtet, dass die Natur so gut und »natürlich« manipuliert wird, dass das Ergebnis im kulturellen Wechselspiel entstandenen Qualitätskriterien und einem Geschmacksbild entspricht, das nahe an den Möglichkeiten der Ausgangsprodukte entwickelt beziehungsweise – subjektiv – optimiert wird.

Gute Beispiele in diesem Zusammenhang finden sich in einer optimierten, meist eher kleinformatigen Zucht zum Beispiel von Fleisch, bei der dann prächtig fettmarmoriertes Fleisch entsteht, das ein ganz spezifisches Geschmacksbild ergibt und sich im Laufe der Geschichte als optimiert und erstrebenswert entwickelt hat. Dies in handwerklicher Präzision in der Küche zu realisieren, macht – nach durchaus weithin gültigen Maßstäben der Professionals in diesem System – große Kochkunst aus.

Eher angreifbare Aspekte finden sich zum Beispiel bei der Foie gras/Stopfleber. Dass die überfettete Leber von Gänsen oder Enten ebenfalls in einem natürlichen Prozess entsteht, in dem sich die Tiere »Substanz«

anfressen, ist teilweise bekannt. Dass man diesen Prozess künstlich befördern kann, entspricht dem Wunsch, dieses Produkt in größerer Menge und Standardisierung zur Verfügung zu haben. In einem Akt der Binnendifferenzierung ergab sich, dass es besonders schmelzend-fette Exemplare von Lebern gibt, die vielen Leuten besonders gut schmecken. Diese Vorstellung gibt es bereits sehr lange. In den letzten Jahren hört man zunehmend Stimmen, die weniger Fettgeschmack und mehr Leberaroma haben wollen, weil sie dies für »natürlicher« halten. Unter dem Druck der Kritik am Stopfen von Gänsen und Enten entwickelte sich die Produktion von ungestopften Fettlebern, die dem natürlichen Prozess wieder näher sind und Fettlebern durch ein Überangebot an Nahrung, aber ohne Stopfen erzeugen.

Natürliche Kochkunst versus »unnatürliche« industrielle Produktion

Das, was in der Kochkunst als natürlich verstanden wird, bezieht seine Wertigkeit nicht nur aus sich selbst, sondern auch (und zunehmend intensiv) aus der Abgrenzung gegenüber dem, was man für »unnatürlich« hält, also vor allem gegenüber den vielfältigen Manipulationen in der industriellen Nahrungsmittelproduktion. Ein markanter Punkt ist dabei die Arbeit mit »künstlichen« Aromen und »Geschmacksverstärkern«. Ich war einmal für eine Reportage bei der Firma Symrise in Holzminden, einem der größten Produzenten von Aromen- und Duftstoffen der Welt, und ich war schockiert von der Differenziertheit und Präzision des Angebots. Ich erinnere mich etwa an eine riesige Sammlung rund um Zwiebelaromen, wo in feinsten Nuancen beispielsweise die Intensität der Röstnoten von Zwiebeln vorrätig gehalten wird. Wer folglich ein Produkt herstellen will (sagen wir: einen Hamburger für eine Imbisskette) und den Wunsch hat, dass er einige sehr natürlich und frisch wirkende Zwiebelröstnoten bekommt, wird hier fündig werden.

Man ahnt die Diskussionen zwischen Lieferanten und Bestellern, bei denen es um Intensität, Frische und Natürlichkeit dieser Aromen geht:

»Könnten wir die Noten noch etwas dunkler bekommen?« In Betrieben wie Symrise hat »Natürlichkeit« eine andere Bedeutung. Für den Chemiker besteht alles aus Molekülen, und der gute Geschmack setzt sich aus bestimmten Kombinationen von Grundstoffen in bestimmten Dosierungen zusammen. »Natürlichkeit« ist – so gesehen – eine Setzung, eine Momentaufnahme bestimmter Zusammenstellungen. Beim Wein ist man stolz darauf, dass mineralische Bestandteile eines »Terroirs« (also bestimmte chemische Verbindungen) in die Reben übergehen und am Ende die Qualität eines Weines prägen. Niemand würde diesen Prozess für unnatürlich halten – obwohl er vielfältig steuerbar ist und gesteuert werden kann.

Die »Unnatürlichkeit« der Aromenstoffe und ihrer Erzeuger ist allerdings nicht als »Natürlichkeit« zu verkaufen. Das hat man schon vor Jahren erkannt und redet deshalb gerne von »naturidentischen« Aromenstoffen, deren Gegenteil solche wären, die als Zusammenstellung in der Natur nicht vorkommen. Bei Firmen wie Symrise werden natürlich erzeugte Aromen (bleiben wir bei den kräftig angerösteten Zwiebeln) per Gaschromatografie und ähnlichen Verfahren auf ihre chemischen Bestandteile hin analysiert. Man erhält Angaben darüber, wie viele von den einzelnen Grundstoffen an dem Gesamtgeschmack beteiligt sind. Danach kann man – theoretisch – absolut jedes Aroma präzise nachbauen und am Ende – auch im engeren Sinne – eine naturidentische Qualität erzielen. Die Grenzen werden mehr durch den Aufwand als durch die Technik gesetzt.

Ein sehr bekanntes Beispiel ist die Vanilleschote, die es in der Natur (was viele Leute nicht wissen) in sehr unterschiedlichen Geschmacksrichtungen gibt, deren Anteil an Vanillin (dem Hauptbestandteil des Vanillearomas) ebenfalls sehr unterschiedlich ist. Ganz besonders hochwertige und teure Sorten schmecken recht komplex und nicht nur einfach »nach Vanille«. Weil aber die Analyse durchschnittlicher Vanilleschoten einen sehr hohen Anteil an Vanillin ergibt, man die weiteren Noten weitgehend vernachlässigen kann und Vanillin außerdem nicht besonders teuer ist, kann man ein Aroma zusammenstellen, das weitestgehend aus Vanillin besteht und allgemein so erschmeckt wird.

Die natürlichen Luxussorten nachzubauen wäre selbstverständlich möglich, aber sehr viel teurer. Insofern könnte man sagen, dass Typisches aus der Natur betont wird. Das nicht isoliert in der Natur vorkommende Vanillin wird künstlich hergestellt, ist aber naturidentisch und reicht allein aus, um den Eindruck von natürlicher Vanille (die eigentlich komplexer ist) zu erzeugen. Und wenn man – auch bei vielen anderen Aromen – die Arbeit gut macht und sich viele solcher Aromen am Markt durchsetzen, hat man Einschätzungen wie die von Kindern, die ein Erdbeereis mit künstlichen Aromen sehr viel leckerer finden als eines aus natürlichen Erdbeeren. Es schmeckt einfach mehr »nach Erdbeere«.

In der Kochkunst wird an diesem Punkt gerne Empörung generiert, und es kommt bisweilen zu merkwürdigen Verhaltensweisen. Was etwa das »Übertünchen« von natürlichen Produkten mit Gewürzen angeht, galt lange Zeit, dass ein starkes Aromatisieren von Produkten mit Aromen wie Curry, Vanille oder Muskat nicht den Qualitätsvorstellungen großer Kochkunst entspricht. Es galt im Gegenteil als Könnerschaft, wenn man das Geschmacksspektrum mit einem Hauch von Aromen erweiterte und so eine Art überraschende Interpretation präsentierte.

Als der spätere bretonische Drei-Sterne-Koch Olivier Roellinger von den »Maisons de Bricourt« in Cancale in den 1980er- und 1990er-Jahren begann, Rezepte wie den »St. Pierre Retour des Indes« anzubieten, löste dies in der Kochwelt Empörung aus, die bis dato nie vorgekommen war. Man sah die Arbeit mit Gewürzmischungen, die Roellinger für jedes seiner Rezepte entwarf, als Untergang des kulinarischen Abendlandes an, eben als komplett unnatürlich und die Aromen der superben Ausgangsprodukte übertünchend. Dass bei Roellinger alles äußerst dezent und im vollen Bewusstsein eines »natürlichen« Arbeitens stattfand, hat man erst später begriffen und bewundernd akzeptiert. Mit etwas Distanz fällt auf, dass die Kochkunst hier bigott agiert und anscheinend zweierlei Natürlichkeit propagiert: Salz und Pfeffer, Nelken oder Piment im Schmorfond, getrocknete Lorbeerblätter, Thymian und Majoran etc. sind in Ordnung und entsprechen der oben beschriebenen, am besten »moderiert« zu nennenden Natürlichkeit, wie sie die klassische Kochkunst pflegt.

Besonders krass ist das Ausmaß an Bigotterie rund um die sogenannten »Geschmacksverstärker«. Vor Jahren ging es um »Glutamat«, den Geschmacksverstärker, den man bei Fertignahrung und vor allem auch in Chinarestaurants verortete. Mononatriumglutamat (so der vollständige Begriff) wurde zum Inbegriff des Unnatürlichen, zum Allheilmittel, das vor allem bei schlechten und billigen Produkten eingesetzt wurde, um dem Ganzen einen »kräftigen Geschmack« (so Franz Beckenbauer in seiner berühmt gewordenen Knorr-Suppen-Werbung) zu geben. Zudem wurde befürchtet, dass die Gewöhnung an solche »gedopten« Nahrungsmittel abstumpft und die Wahrnehmung natürlicher Aromenverhältnisse und damit von Produkten in ihrer natürlichen Intensität erschwert bis unmöglich macht.

Im Laufe der Jahre veränderte sich die Diskussion erheblich – vor allem unter dem Einfluss eines intensivierten Kontaktes mit der japanischen und asiatischen Küche. Zunächst wurde klar, dass die Wirkung vieler asiatischer Produkte und Zubereitungen auf die intensive Erzeugung des »fünften Geschmacks« Umami zurückgeht, was, wie man mit scheinbarem Erstaunen feststellte, letztlich die Wirkung von Glutamat bedeutet. In der Folge wurde deutlich, dass es neben dem künstlich hinzugefügten Glutamat auch Produkte gibt, die über einen hohen natürlichen Anteil an Glutamat verfügen. Dazu gehören auffällig viele überaus populäre Elemente/Produkte, wie etwa Parmesan, Tomaten, diverse Käse, gegrilltes Fleisch oder Soja(saucen).

Vor diesem Hintergrund sieht auch oder gerade das Kochen in seinem Verhältnis zur natürlichen Intensität von Aromen nicht gerade gut aus. Nicht die Intensivierung von Aromen oder das Nichtzulassen der natürlichen Aromenstärke, sondern die Konzentration oder Verstärkung durch nicht als weiteres Produkt empfundene Beigaben (die scheinbar das ursprüngliche Aroma verstärken, aber kein eigentliches Mischaroma bilden) ist eine der gängigen Grundpraktiken des Kochens und nennt sich »Würzen«. Salz wird ohnehin immer wieder als Geschmacksverstärker bezeichnet. Aber es gibt auch die Reduktion von aromatischen Flüssigkeiten, ihre Konzentration in Fonds bis hin zu pastöser Dicke, das Garen von Gemüse in Brühen (mit Koch-Weltstar Alain Ducasse als Galionsfigur), das Trocknen als Aromenverdichtung (etwa Morcheln, luftgetrocknete Wurstwaren, getrocknete Tomaten, getrockneter Rogen) und vieles mehr. Wenn Geschmacksverstärkung Denaturierung bedeutet, sind die Köche Intensivtäter.

Heute hat man in dieser Richtung einen neuen Höhepunkt erreicht. Gerade viele jüngere und kreativere Köche haben sich des Umami-Themas angenommen und suchen intensiv nach maximalen Umami-Konzentrationen. Auf eine absehbare, aber trotzdem kaum für möglich gehaltene Weise nähern sich – so gesehen – die Vertreter des Natürlichen (also die guten Köche) denen des Unnatürlichen (also der Industrie, die Abhängigkeiten von ihren künstlich geboosteten, kräftigen Geschmacksbildern anstrebt) an. So wie ein Erdbeereis auf der Basis ausschließlich natürlicher Intensitäten mit Sicherheit kein kommerzieller Erfolg mehr würde, würden auch Köche, die eine ganz zurückhaltende, aber naturnahe aromatische Intensität pflegen, allerhöchstens minimalen Erfolg haben. Ein Koch wie der Österreicher Jörg Wörther, der selbst auf dem Höhepunkt seiner Popularität vor etwa 20 bis 25 Jahren mit einer zarten Produktküche weit aus dem Rahmen fiel, scheint heute kaum noch vorstellbar.

Wie natürlich können Kochkunst, Bio, Vegetarisches und Veganes überhaupt sein?

Wenn feststeht, dass Produktnähe nicht automatisch große Natürlichkeit bedeutet, weil die Produkte als solche bereits mehr oder weniger großen Manipulationen unterworfen sind, und wenn feststeht, dass sich kulinarisch geradezu eine Allianz unnatürlicher Intensitäten zwischen Kochkunst und Industrie bildet, wird die Frage interessant, wie natürlich Kochkunst heute überhaupt sein kann.

Naheliegende Objekte für solche Überlegungen sind viele moderne, »radikal lokale« Küchen (etwa in Berlin), Bioküche (inklusive von Restaurants, die im *Guide Michelin* mit einem grünen Stern ausgezeichnet werden) oder vegetarische und vegane Küchen. Es fällt auf, dass in diesem Zusammenhang alle ambitionierteren Küchen in den genannten Bereichen eine ähnliche Nähe zu Natürlichem haben, wobei die handwerklichen Grundlagen oft nicht so weit von der traditionellen Gourmetküche etc. entfernt sind, sich ihr Distinktionswunsch aber gegen diese richtet. Gourmetküche gilt von dort aus gesehen oft als überzüchtet und in diesem Sinne unnatürlich, während das eigene Beharren auf oft geringerer Raffinesse als Akt der Natürlichkeit eingeordnet wird.

Gerade dieser Punkt stellt sich als Schwäche heraus. Wenn man – wie bei der Bioküche – vor allem individuell-gesundheitlich oder ökologische Aspekte in den Vordergrund stellt, fehlt vielen Leuten der Zugang, der von den genüsslichen Aspekten der eigenen Sozialisation gespeist wird. Natürlichkeit wird eher ein Akt der Reduktion und nicht der überzeugten Zustimmung. Dass sich vor allem und ausgerechnet in der veganen Küche in letzter Zeit ein gewaltiger Markt an Produkten entwickelt hat, die ohne Fleisch hergestellt werden, aber wie Fleisch schmecken, muss als eine höhere Dimension an Unnatürlichkeit gesehen werden. Mit gezielter Künstlichkeit Natürliches nachzuahmen öffnet den Weg zu einer reinen Kunstnahrung, die mit natürlichen Produkten nichts mehr zu tun hat. In einem weiteren Schritt wäre die Begründung naheliegend, dass mit einem Höchstmaß an Unnatürlichkeit natürliche Ressourcen geschont werden und sozusagen ein »natürlicher« Chemiecocktail nebst Texturgebern das Ziel ist – vulgo: Kunstnahrung. Und wenn man sich dann in konsequenter Weise bemühen würde, auch die psychische Abhängigkeit von natürlichen Produkten zu überwinden (es muss wie Fleisch schmecken, darf aber keines sein), müsste man tatsächlich wirklich Künstliches erfinden, Geschmackswelten, die mit natürlichen nichts mehr zu tun haben und auch nicht daran erinnern.

Die Suche nach möglichst natürlichen Produkten und Zubereitungen führt schnell zu Ergebnissen, die zeigen, dass Natürliches in der Kochkunst nicht zwingend zu dem gehört, was der Mensch lernt. Er lernt und gewöhnt sich in erster Linie an Raffinesse, an die gute Wirkung von Feuer, an Aromatisierungen aller Art, an zusammengesetzte Speisen, bei denen das Zusammenspiel eine neue geschmackliche Dimension erreicht und deshalb gesucht wird. Das gilt nicht nur für Saucen, sondern auch für die heute so beliebten Salate aller Art, für Bowls, in denen oft ohne viel kompositorischen Aufwand Realien versammelt werden. Sie sind – wenn man einmal von den Zusammenhängen um die Natürlichkeit von Produkten absieht – oft Assemblagen weitgehend unveränderter Produkte, bei denen eine Salatsauce einen – großzügig analysiert – gemeinsamen Hintergrund und etwas Zusammenhang schafft, also eine kleine Denaturierung dafür sorgt, dass das Ganze nicht allzu weit von der »Raffinesse« der Kochkunst wie der der Industrie abweicht.

Man kann in Restaurants wie dem dänischen »Noma« von René Redzepi die Arbeit mit Natürlichkeiten aller Art sehr gut verfolgen – zum Beispiel, wenn man in ein Büschel von naturbelassenen Kräutern als Begleitung beißen oder lebende Garnelen in den Mund stecken soll. Die Arbeit von Redzepi hat in der Rezeption vor allem bei Köchen dazu geführt, dass man seine Arbeit nicht für »richtige Küche« hält, sondern eher eine Demonstration von Essbarem (eben Natürlichem), das gleichwohl mangels vergleichbarer geschmacklicher Erfahrungen oft noch unterhalb der Schwelle erlebt wird, die man für Kochkunst im weiteren Sinne hält. Das unbearbeitete oder wenig bearbeitete Naturprodukt wird immer darauf verweisen, dass der normale Konsument Natürlichkeit nicht wirklich ausschließlich kulinarisch sieht, sondern immer in mehr oder weniger gelernten Zusammenhängen, in einem assoziativen Kontext.

Wenn sich aber jeder Begriff von Natürlichkeit atomisieren und zerbröseln lässt, warum redet alle Welt von ihr?

Kulinarische »Natürlichkeit«, Rezeption und subjektive Aspekte:

Die Begriffe mögen unklar sein, die Bilder sind es nicht

Dass man bei den Produkten und ihrer Zubereitung kaum einen »Nullpunkt« oder Bezugspunkt findet, an dem man wirklich von »Natürlichkeit« reden kann, macht bei der Nutzung dieses Begriffs den Weg für eine Vielzahl von Manipulationen frei, und das in ganz unterschiedlichen Bereichen. Was »natürlich« ist, scheint irgendwie gefüllt, und deshalb kann alle Welt – von Bio-Vertretern bis zu Fast-Food-Produzenten und solchen billigster Industrienahrung – regelrecht »in die Vollen« gehen. Ich kam einmal auf dem Düsseldorfer Hauptbahnhof auf den Bahnsteig und zuckte regelrecht zusammen. Vor mir ein riesiges Werbeplakat, das mir eine Zehntelsekunde lang zu zeigen schien, dass moderne, naturnahe skandinavische Küche jetzt auch bei uns angekommen ist. Zu sehen war ein Gericht, das wie aus der kreativen Spitzenküche wirkte – mit im Duktus kreativer Küche locker versammelten, leicht ungewöhnlich geschnittenen, »natürlichen« Gemüsen, Kräutern und Pflanzen. Tatsächlich war es eine Werbung von Lidl. Man hatte wohl erkannt, dass man in der Werbung nicht mehr mit Bratwurst und Pommes reüssiert, sondern modern inszeniertes Vegetabiles das ist, was man einsetzen muss. Lidl setzte auf Bilder, nicht auf Erklärungen. So unklar nämlich die Begrifflichkeiten rund um Natürliches sein mögen, so klar sind die Bilder – besser: die Klischees. Begriffe und Bilder treffen auf Individuen, deren Erfahrungsschatz rund um Natürliches oft äußerst karg ist und die längst in vielen Fällen sogar ein gebrochenes Verhältnis zu Natürlichem haben.

Was ist kulinarisch »natürlich«? Wer weiß das schon?

Man muss es realistisch sehen: Die Mehrzahl der Konsumenten ist in ihrem Leben vermutlich noch nie auf Produkte getroffen, die man im engeren Sinne als »natürlich« bezeichnen kann. Wer im Supermarkt einkauft (von Discountern ganz zu schweigen), wird üblicherweise nicht auf solche natürlichen (und damit meist sehr individuellen) Produkte treffen. Die großen Handelsketten haben per System Bedarf an zuverlässigen, standardisierten Lieferungen von Rohware, was automatisch bedeutet, dass etwaige Lieferanten enorme Stückzahlen zur Verfügung stellen müssen, die ganz bestimmten Kriterien genügen. Es gibt Handelsnormen und Anforderungen an die Haltbarkeit und viele Kriterien, die vor allem den Zweck haben, eine Ware zu sein, die man gut und möglichst verlustfrei handhaben kann.

Auch wenn Supermärkte – was immer wieder passiert – punktuell regionale Erzeuger einbinden, bleiben diese Anforderungen. Der Kauf auf dem Markt scheint anders zu sein. Tatsächlich gibt es aber auch dort viele Mechanismen, die eher dem üblichen Handel ähneln als der Handhabung natürlicher Individualitäten bei den Produkten. Viele Marktstände produzieren nicht selbst, sondern kaufen im Großmarkt – um sich dann als individuelle Erzeuger zu gerieren.

Wenn es Kontakte mit natürlichen Produkten gibt, die so gut wie keinen Marketingmechanismen unterworfen sind, finden sie sich am ehesten bei Biobauern, die ihre Produkte selbst produzieren oder sie im Austausch mit anderen Biobauern anbieten. Dort – und nur dort – gibt es die Stellen, an denen seltene, »vergessene« Sorten angeboten werden, an denen – in handelsüblichen Kategorien gesehen – viel zu kleines Obst von Streuobstwiesen angeboten wird, wo die Karotten krumm sind und es Kartoffelsorten gibt (etwa: die berüchtigten »Tannenzapfen«), die man wegen diverser Ausbuchtungen sehr schlecht schälen kann. Und selbst dort passiert es immer wieder, dass solche natürlichen Produkte nicht angenommen werden, weil sie von den Erwartungen der Kundschaft zu weit abweichen oder auf eine Kundschaft treffen, die nicht in der Lage ist, aus solchen Produkten etwas ihren eigenen Vorstellungen entsprechendes »Leckeres« zuzubereiten.

Ob man auf einem deutschen Biobauern-Hofladen wirklich anbieten könnte, was Andree Köthe und Yves Ollech vom Nürnberger Gourmetrestaurant »Essigbrätlein« in der Küche verwenden, ist sehr fraglich. Böden von Sonnenblumen, nachdem die Kerne geerntet sind, oder Kohlstrünke, die übrig bleiben, nachdem man die verkäuflichen Teile entfernt hat? Oder Zuckerwurzeln, die irgendwo am Wegrand stehen, oder alle möglichen Beeren, die üblicherweise in dem auf einige wenige Sorten reduzierten Programm nie zu finden sind?

Hinzu kommt, dass wir es nach wie vor im kulinarischen Bereich mit einem gravierenden Analphabetismus zu tun haben. Das gilt gleichermaßen für die Kenntnis von Produkten wie für die Fertigkeit, diese zuzubereiten. Selbst da, wo man Kennerschaft vermutet – also auf den guten Märkten dieser Republik oder in guten Restaurants –, zeigen sich immer wieder gravierende Wissenslücken oder – manchmal noch schlimmer – ein oft selbstbewusst vorgetragenes Halbwissen, das vorne und hinten nicht stimmt.

Fischsorten zum Beispiel können von vielen Leuten selbst in Gourmetrestaurants kaum identifiziert werden. Und wer lauthals an einem wunderbar üppig bestückten Käsestand von sich gibt, er esse keinen Ziegenkäse, macht eine Bemerkung, die auf den genannten kulinarischen Analphabetismus schließen lässt. Was ist »Ziegenkäse«, den man pauschal nicht isst, wo es ihn doch in einer Unzahl von Formen und Reifegraden gibt, davon auch etliche, die kaum jemand überhaupt als Ziegenkäse identifizieren könnte, weil sie einfach nur wie frischer Käse schmecken?

Vor dem Hintergrund einer Warenwelt, die ihre ganz eigenen Anfordernisse hat, und dem von Konsumenten, denen außer den eigenen Vorlieben kaum eine Orientierung zur Verfügung steht, ist es äußerst unwahrscheinlich, dass »natürliche« Produkte reüssieren können. Ob sie in einer Stückzahl zur Verfügung stehen können, die dem Anspruch an Natürlichkeit genügen würde, ist ohnehin fraglich. Schon heute stößt es vielen Biofreunden auf, wenn sie erfahren, dass »ihre« Bioprodukte, deren Herstellung sie in kleinbäuerlicher, überaus natürlich wirkender Umgebung vermuten, tatsächlich aus riesigen, industriell betriebenen Fabrikationen irgendwo auf der Welt stammen.

Das Erlebnis kulinarischer »Natürlichkeit« als Kompensation und Erholung

Der Mensch ist und bleibt vor allem ein Kontextesser. Er verbindet gutes, angenehmes Essen fast immer mit einem entsprechenden Kontext (und natürlich umgekehrt auch schlechtes Essen). Und da ist Natürlichkeit etwas, das – salopp gesprochen – so etwas wie Musical oder Operette sein muss. Man will keine Ecken und Kanten, sondern einen angenehmen Kontext mit adäquater Ausstattung. In den Erinnerungen vieler Leute gerinnt der Kontakt zu kulinarisch natürlichen Erlebnissen in Bildern, die nur bedingt mit Essen zu tun haben, dafür aber sehr viel mit der Umgebung, einem Ambiente oder Menschen, mit denen man etwas zusammen erlebt hat. Obwohl gerade unter solchen, nicht selten ablenkenden Umständen Essen oft nur oberflächlich erlebt wird, verbindet sich gerne – und oft im Nachhinein – eine gewisse Ursprünglichkeit und Natürlichkeit mit dem kulinarischen Teil des Ereignisses.

Unter südlicher Sonne halb auf der Straße in einem altertümlichen Restaurant sitzend, wird auch das Essen »einfärben«, obwohl die Produkte vielleicht genauso wenig natürlich sind wie zu Hause und der möglicherweise andersartige Geschmack eher aus kochtechnischen Unzulänglichkeiten resultiert. Entsprechende Erfahrungen kann man überall und jederzeit machen, und das schon seit vielen Jahren. Wollte man es positiv sehen, würde man sagen, dass das subjektive Erlebnis von kulinarischer Natürlichkeit möglicherweise jede objektive Begegnung mit ursprünglichen Produkten und Zubereitungen überstrahlt.

Das haben Gastronomie, Handel und Nahrungsmittelindustrie natürlich mitbekommen – und vielleicht sogar das eine oder andere kulinarisch-ideologische System, das zwar hehre Absichten hat und sich dem Natürlichen ein Stück annähert, dabei aber sehr präzise vor allem die erwähnte Vorstellung von Natürlichkeit instrumentalisiert. Begriffe wie »Bio-Qualität« und eine irgendwie gesteigerte Natürlichkeit sind heute längst im Range von Totschlagargumenten, die selbst von Discountern systematisch instrumentalisiert werden. Man wird analog nicht von »natürlichen Autos« reden oder dem Smartphone irgendeine Form der Natürlichkeit zubilligen. Essbares aber kann ohne Weiteres ähnlich weit von Natürlichem entfernt sein, ohne dass man auf Verknüpfungsmöglichkeiten mit Natürlichem verzichten würde. Viele Lebensmittel sind Chemiecocktails, was zu allem Überfluss auch klar deklariert wird (oder besser: so weit deklariert wird, wie es deklarierungspflichtig ist). Und trotzdem werden Produkte (wie etwa die oben schon erwähnten veganen Fertiggerichte mit Fleischaroma) mit dem Anschein von Natürlichkeit, mit dem Kontext von Natürlichkeit verkauft und beworben.

Auch im Biobereich gibt es für Beobachter aus dem Bereich der kulinarischen Artistik (vulgo: gute Köche) immer wieder Kopfschütteln. Ist das Streben nach Bioprodukten ein Weg in Richtung von mehr Natürlichkeit oder nur ein Streben in Richtung einer gesundheitlich-ökologisch motivierten, besseren, gesünderen, schadstoffärmeren, politisch korrekten Manipulation der Produkte und Ernährung, die zudem den Vorteil hat, durch ihre Herstellung unsere Umwelt nicht wesentlich zu schädigen? Wäre es da eigentlich in letzter Konsequenz nicht besser, man würde auf künstliche Ernährung setzen, weil man weder Tiere töten noch auf riesigen Feldern unter Vernichtung aller möglichen anderen Pflanzen und Lebewesen öde Monokulturen einrichten müsste?

Wäre das maximal Künstliche das, was unsere Natur maximal schonen würde? Warum hat man im Biobereich oft den Eindruck, als ob es den Genießer und Bonvivant nicht gäbe und so viele Leute – aus der Sicht der klassischen Genießer – mit freudlosen Salaten und einfallslosen Gemüse-Assemblagen zufrieden sind und einfach keine lustbetonte Freude am Essen haben? Schimmert da vielleicht irgendwo durch, dass die kulinarische Natürlichkeit der gesunden und ökologisch sinnvollen Art, was den Menschen und seine Natur angeht, gerne etwas unnatürlich wirkt? Weil er einfach von Natur aus etwas über die Stränge schlägt? Oder wenn man das eine Natürliche mit dem anderen Natürlichen zusammenbringt und das Ergebnis so schmeckt, wie sonst nichts in der Natur (sagen wir: eine Suppe auf der Grundlage einer Gemüsebrühe mit Sahne und einem Curry), ist das dann eher natürlich oder eher unnatürlich?

Ist »natürlich« nach all diesen Komplikationen ein kulinarisch erstrebenswerter Zustand?

In diesem logisch wie gesellschaftspolitisch verminten Gelände muss am Ende der Betrachtung die Frage stehen, ob »Natürlichkeit« überhaupt ein Ziel ist, das man erreichen sollte. Es ergeben sich drei sehr unterschiedliche Positionen:

1. Die Begrenztheit dessen, was man im ursprünglichen Sinne als kulinarisch »natürlich« bezeichnen kann, weist in Richtung einer Radikalität im Verständnis, die mangels Masse keine gesellschaftlich relevante Rolle spielen kann und wird. Wir sind keine Sammler und Jäger mehr, bei denen sich Eingriffe in die Natur nur als kleinformatige Entnahmen von pflanzlicher wie tierischer Biomasse abspielen. Dass es gleichwohl heute in extrem kreativen Bereichen der Kochkunst und in einigen wenigen, von einer sehr natürlich-fruchtbaren Umgebung profitierenden Szenarien auch Gastronomien mit größeren Teilen natürlicher Entnahmen aus dem Ökosystem gibt, ist und bleibt zwangsläufig eine Randerscheinung, die nicht unbedingt einen progressiven, sondern eher einen singulären oder elitären Charakter hat (ohne deshalb weniger interessant zu sein, etwa das Pop-up-Restaurant des »Noma« in Kyoto, in dem man sich für kurze Zeit ganz auf lokale Realien einließ). Ob solche Nischen

erstrebenswert sind, kann bejaht werden, weil ihre Ergebnisse unter günstigen Umständen eine Art Vorbildcharakter haben können: So »natürlich« könnte es öfter sein, wenn wir sorgfältiger mit unseren Ökosystemen umgehen. Oder bei der Arbeit mit Realien in diesem natürlichen Bereich ergeben sich geschmacklich Perspektiven, die Maßstäbe für die Arbeit auch im Bereich der relativen/der bedingten Natürlichkeit geben können.

2. Unter strikt ökologischen Aspekten wirkt der Weg in Richtung von (mehr) Natürlichkeit im kulinarischen Bereich am plausibelsten. Wenn man Kriterien der ökologisch korrekten Erzeugung von Lebensmitteln definiert und durchsetzt, scheinen die Wege zu mehr Natürlichkeit in der Zukunft geebnet zu sein. Dieses Ziel ist wünschenswert, auch wenn sich eine ganze Reihe von Fragen ergibt. Die Erhaltung und Verhinderung der Zerstörung der natürlichen Lebensumwelt scheint alternativlos zu sein, auch wenn möglicherweise die Probleme der Ernährung der Menschheit durch »unnatürliche« Verfahren aller Art einfacher zu lösen wären. Im Detail stellen sich auch hier logisch verzwickte Fragen, so etwa ob das Hegen und Pflegen der Natur seinerseits wieder ein unnatürlicher Weg ist, wie man es mit der Zucht von Pflanzen und Tieren hält oder ob und in welchem Maße man »natürliche« Ausleseprozesse der Arten beeinflussen will. In der Summe der vermutlich notwendigen und der gewollten Maßnahmen könnte sich zudem die Frage stellen, ob die Ökowelten nicht zwangsläufig zu einer Art von Kunstwelten werden, weil sich angesichts der Bevölkerungszahlen Sachzwänge ergeben, die sehr viel »unnatürliche« Steuerung nötig haben.
3. Die Kochkunst scheint mit ihrer modifizierten, unter kulinarischen Aspekten optimierten Natürlichkeit auf den ersten Blick einen egoistischen Weg einzuschlagen, der vielleicht partikuläre Interessen bedient, aber nicht geeignet ist, die gesamte Bevölkerung zu ernähren. Dieser Einwand ist richtig, trifft aber nicht den Kern der Sichtweise der kulinarischen Profis aus dem optimierenden Lager.

Im wesentlichen Unterschied zu den unter kommerziellen Gesichtspunkten ebenfalls ihre Verfahren »optimierenden« Spezialisten der Nahrungsmittelindustrie (bei denen etwa Schnelligkeit der Aufzucht, Haltbarkeit der Produkte und Menge/Masse eine große Rolle spielen) ist der Eingriff in die Natur im optimierenden kulinarischen Bereich eher ein Eingriff, der weitgehend natürliche Prozesse als Basis hat und sie verfolgt, stabilisiert oder optimiert.

Wenn zum Beispiel bretonische Sandmöhren deshalb so gut sind, weil sie in den sandigen, spezifisch strukturierten Böden einiger Regionen in der Bretagne besonders gut wachsen, wird man nicht versuchen, irgendwo solche Böden zu kopieren, sondern eher dafür sorgen, dass das Produkt an Ort und Stelle und sorgfältig sinnvoll weiter produziert werden kann. Die Erkenntnis, dass Kälber, die mit ihren Familien in kleinen Herden auf großen Wiesen leben, die sich ihrerseits von den Pflanzen her weitgehend »natürlich« zusammensetzen, ein besser schmeckendes Fleisch ergeben als jene, die sofort nach der Geburt der Mutter weggenommen und nach einer Schnellmast möglichst bald geschlachtet werden, hat dazu geführt, dass die traditionelle bäuerliche Fleischerzeugung mit ihren besonders guten Produkten weitergeführt werden kann. Diese Logik gilt für viele Produkte. Ausgangspunkt war und ist quasi immer eine Qualität, die man unter weitgehend natürlichen Aspekten vorgefunden und dann aufgegriffen, stabilisiert und gefördert hat.

Diese »relative« Natürlichkeit wird oft als elitär bezeichnet, weil die Preise für solche Produkte tatsächlich für viele Menschen und/oder für den täglichen Gebrauch hoch sind. Diese einseitige Betrachtung (man denke in diesem Zusammenhang an Kunst und Musik und ihre vielfältigen Förderungen/Subventionen) lässt allerdings außer Acht, dass es etwa in der ambitionierten, mit besonders guten Produkten arbeitenden Küche immer schon innerhalb dieser relativen, zu hervorragenden Qualitäten führenden Natürlichkeit auch eine Relativierung von Qualität und Preis gab.

Ausgehend von der Qualität der optimierten Produkte definiert man eine für wesentlich weitere Kreise nutzbare Qualität, die von den optimierten Produkten eine Reihe wesentlicher Aspekte besitzt und vor allem im Zusammenhang mit einer guten Kochtechnik zu guten Ergebnissen führt. Man erlebt dies zum Beispiel bei bestimmten Qualitäten von Hühnern, die nicht ganz so aufwendig wie Spitzenprodukte (etwa: das Bresse-Huhn) erzeugt werden, deren Qualität aber bei bestimmten Gerichten zu Ergebnissen führt, die nahe an denen unter Verwendung von Spitzenprodukten liegt.

Es ist heute deutlich zu sehen, wie sich von der scheinbar so elitären Spitzenküche Vorstellungen und Praktiken »nach unten« (also in preisgünstigere Gastronomien oder ähnliche Angebote) verbreiten und dadurch letztlich die Qualität der Nahrungsmittel allgemein erhöhen. Sieht man sich solche Entwicklungen (die zum Beispiel bei Discountern zu den diversen »Gourmet-Serien« führen) unter dem Aspekt der Natürlichkeit an, scheint es möglich zu sein, den Anteil der relativen Natürlichkeit bei den Produkten wesentlich zu steigern. Eine Organisation, die – trotz einer ganzen Reihe möglicher Diskussionspunkte – auf dieser Linie arbeitet, ist etwa Slow Food. Dass aus dieser Richtung auch kommerzieller Druck für Handel und Industrie entstanden ist, lässt sich ohne Weiteres am Angebot der Supermärkte erkennen. Dass man dort allerdings versucht, sich zwar mit Qualitätszuschreibungen aller Art zu schmücken, in der Realität der Produktqualitäten aber penetrant versucht, die ursprünglich guten Ansätze der ambitionierten Küche etc. zu untergraben, ist – siehe oben – eine andere Frage und eine, die abermals geeignet ist, den Begriff des »Natürlichen« aufs Neue zu destabilisieren.

Islandtief (11)

HOTDOGS UND SCHAFSKÖPFE

Von Berit Glanz

In Island wird der Jahreswechsel von den meisten Menschen mit dem gemeinsamen Anschauen der Fernsehsendung Áramótaskaup eingeläutet. Die aufwendig produzierte Sendung ist eine Art Jahresrückblick in Sketchform und endet jedes Jahr mit einem neuen Song, der die Hoffnungen, Ängste und Wünsche für das kommende Jahr ausdrückt. Der Song kann je nach Nachrichtenlage und Stimmung politisch aufgeladen, parodistisch oder voller Pathos sein. Für die Jahresendlieder werden oft bekannte isländische Musikstars eingeladen, und manche der Songs gehen in die Silvester-Playlists der Folgejahre ein. Über einzelne Sketche und die Frage, wie zutreffend, bissig oder lustig sie waren, diskutieren die Menschen auf der Insel bis in den Januar hinein. Tauchen Themen in der Sendung auf, kann man davon ausgehen, dass sie im vorhergehenden Jahr eine große Rolle für die isländische Gesellschaft gespielt haben.

2022 gab es einen Sketch, der versuchte, ein Phänomen zu beschreiben, das seit einigen Jahren die Esskultur in Island massiv prägt: »Mathöll«, der isländische Begriff für sogenannte »Food Halls« (noch gibt es keine wirklich passende deutsche Übersetzung für diesen Begriff). Das Gastrophänomen Food Halls lehnt sich an die bekannten Food Courts an, die seit den 1960er-Jahren von den USA ausgehend zu einem globalen Phänomen geworden sind. In Food Courts, die sich häufig in Einkaufszentren oder an Transitorten finden, teilen sich verschiedene Fast-Food-Imbissangebote einen gemeinsamen Sitzbereich. Vom Einkaufen ermüdete Besucher oder hungrige Reisende können sich an verschiedenen Orten ihre jeweiligen Essenswünsche erfüllen und gemeinsam an einem Tisch sitzen.

Dieses besonders für größere Gruppen oder Familien erfolgreiche Konzept einer großen Auswahl zu günstigem Preis wird von den Food Halls übernommen. Statt preisgünstiger Burger, Pizzen und Eisbecher gibt es jedoch kosmopolitische Hipster-Cuisine zu einigermaßen moderaten Preisen. In Island sind das beispielsweise koreanische Tacos, indisches Tandoori-Hühnchen, mexikanische Quesadillas oder ausgefeilte Hamburger-Variationen. Traditionelles isländisches Essen ist eher selten vertreten und wenn, dann vor allem in Form von frisch gefangenem Fisch in unterschiedlichen Zubereitungen, am häufigsten jedoch als »Fish and Chips«.

Die Food Halls in Island befinden sich, wie ihre globalen Gegenstücke in den USA und anderen Orten der Welt, in sorgfältig kuratierten Räumen. Es gibt beispielsweise eine Food Hall mit industriellem Charme in einer ehemaligen Fischfabrik auf dem alten, mittlerweile gentrifizierten Hafengelände. Der noch leicht wie eine Werkshalle anmutende Raum ist mit Gummistiefeln und Arbeitskleidung dekoriert. Eine Seite mit Fensterfront erlaubt den Blick über den Hafen, während eine weitere Fensterfront in einem Nebenzimmer den Blick auf die noch aktive Fischverarbeitung in einem angeschlossenen Gebäudeteil freigibt, inklusive der typischen Plastikkisten mit auf Eis gekühltem Fang und dem leicht unangenehmen Geruch, der mit der Fischverarbeitung einhergeht.

Eine weitere isländische Mathöll befindet sich in der ehemaligen Hauptpost Reykjavíks, alte Einrichtungsgegenstände aus der Zeit der Postfiliale sind in die Dekoration integriert. In Selfoss wurde eine frühere Molkerei wiederaufgebaut und für die moderne Gastronomie hergerichtet, während die Menschen in Hveragerði, dem wichtigsten Ort für Treibhausanbau auf der Insel, in einem umgebauten Gewächshaus ihr Abendessen zu sich nehmen können. Die Möglichkeit, attraktive Bilder für die sozialen Medien machen zu können, ist ein wichtiger Faktor für das Marketing dieser Gastronomieangebote.

Der globale Aufstieg von Food Halls in den letzten zehn Jahren ist eng mit den Dynamiken sozialer Medien verzahnt. Es ist kein Zufall, dass ein technikaffines Land wie Island aktuell mit Food Halls geflutet wird, die von der einheimischen und wohlhabenden touristischen Zielgruppe begeistert angenommen werden. Auf den verschiedenen Social-Media-Plattformen des Internets sind besonders asiatische Märkte mit ihren großen Angeboten an Streetfood ein Trendphänomen. Videos, in denen beispielsweise in China, Korea oder Indien an Verkaufsständen Lebensmittel zum direkten Verzehr zubereitet werden, ziehen viele Menschen an. Der Youtuber Mark Wiens, der vielfach geklickte Videos von Streetfood in Asien produziert, hat beispielsweise über zehn Millionen Abos für seinen Kanal.

Ein ähnliches Interesse gibt es in den sozialen Medien für die Ästhetik von Märkten, Markthallen und ursprünglichen Lebensmitteln. Instagram ist schon seit Jahren ein Lieblingsort für Foodies, die eine große Bandbreite an Lebensmitteln hingebungsvoll inszenieren. Die Food Halls in den hippen Metropolen der Welt sind eine logische Folge dieser sozial-medialen Faszination für die Ästhetik von Essen einerseits und der Begeisterung für unterschiedlichste Variationen von Streetfood.

Island kompensiert seit Jahrzehnten die prekäre Vergangenheit unter dänischer Herrschaft und die Abgeschiedenheit der Insellage im Nordatlantik, indem beinahe zwanghaft jeder neue Trend und jede technologische Entwicklung sofort übernommen wird. Auch der Food-Hall-Trend wurde auf Island enthusiastisch aufgegriffen, sodass bereits 2022 der Jahresrückblick Áramótaskaup diese Entwicklung spöttisch thematisieren konnte.

In dem Sketch im Stil eines Horrorfilmtrailers steht eine vierköpfige Familie in einer der unzähligen in Island eröffneten Food Halls. Während die Mutter begeistert die positiven Elemente dieser neuen Gastrokultur aufzählt, jede Person einer Gruppe kann etwas dem eigenen Geschmack Entsprechendes finden, ist der Vater skeptisch. In dem Sketch werden dann zahlreiche Food Halls in Reykjavík und

Umgebung genannt, und es wird deutlich, wie stark sich das Trendphänomen auf Island ausgebreitet hat. Der zunehmend verstörte Vater muss im Sketch erleben, wie alle Orte seines Alltags, vom Arbeitsplatz bis zu seinem privaten Wohnhaus, sich langsam in Food Halls verwandeln. All das ist untermalt von schrillen Streicherklängen im Horrorfilmstil und dem endlosen Piepkonzert unzähliger Tischsummer, die man in Food Halls bekommt, um benachrichtigt zu werden, dass das Essen fertig ist. Als schließlich sein Kind mit starrem Blick beginnt, »Llöhtam« zu wispern und zu schreiben, angelehnt an die bekannte Redrum-/Murder-Szene aus dem Horrorfilm *The Shining*, versucht der zunehmend verzweifelte Vater, einen Tischsummer im Atlantik zu versenken. Schließlich verwandelt er sich selbst in eine Food Hall und wird von zwei Touristen, die seine Location bei Google Maps gefunden haben, nach der traditionellen isländischen Fleischsuppe gefragt.

Dabei werden die isländischen Lebensmitteltraditionen in den neuen Food Halls eher selten aufgegriffen. Es mag vielleicht daran liegen, dass die isländische Variante von Streetfood es bisher eher in die Ekelhitlisten des Internets geschafft hat. Legendär und beispielsweise in den Islandkrimis von Arnaldur Indriðason verewigt, ist der schwarz gebrannte Schafskopf »Svið«, den der Kommissar Erlendur regelmäßig am zentralen Busbahnhof BSÍ mit Kartoffel- und Rübenmus verspeist. Die Schafsköpfe sind auch in den Tiefkühltruhen isländischer Supermärkte zu finden, und an einigen Stellen kann man sie frisch bestellen.

Die meisten Isländer der jüngeren Jahrgänge essen jedoch eher Sushi als Schafskopf und benutzen die traditionellen Gerichte mit Ekelfaktor vor allem, um Besucher zu erschrecken. Weder der fermentierte Grönlandhai noch die sauer eingelegten Schafshoden und auch nicht die angesengten Schafsköpfe finden sich auf den Speisekarten der isländischen Food Halls. Bloß die klassische Suppe mit Schaffleisch und Steckrüben, frischer Fisch in unterschiedlichsten Varianten und gegrilltes Lamm haben sich auch in der modernen Gastronomie durchsetzen können.

Auf Island wird oft gewitzelt, dass die nationale Küche eigentlich aus Hotdogs und Hamburgern besteht. Man kann auf jeden Fall sicher sagen, dass der Konsum von Hotdogs besonders nach dem Schwimmbad fester Bestandteil des isländischen Alltags ist. Die Abkehr von der traditionellen Küche hat auch damit zu tun, dass diese mit Rückständigkeit assoziiert wurde. Die Insellage und extreme Armut der isländischen Bevölkerung haben lange dafür gesorgt, dass sich eine gehobene Esskultur nur wenig ausbilden konnte. Noch in den 1980er-Jahren gab es nur eine Sorte Tee und kaum Gemüseauswahl in den isländischen Supermärkten. Importiertes Obst und Gemüse hatten oft starke Lagerungsschäden, und speziellere Sorten waren um die Jahrtausendwende noch schwer zu bekommen. All das hat sich in den letzten Jahren verändert. Mittlerweile gibt es in isländischen Supermärkten viele internationale Waren, einigermaßen gutes Gemüse und frisches Obst, das sowohl von den Touristen als auch von den aus dem Ausland heimkehrenden Isländern stark nachgefragt wird.

Ein Selbstbewusstsein für den Wert spezifisch isländischer Lebensmittel ist auch auf Island, wie in vielen anderen nordischen Ländern, in den letzten Jahren vor allem durch die Entwicklung der New Nordic Cuisine entstanden. Nach der Jahrtausendwende entstand in Kopenhagen eine eigene kulinarische Strömung, die sich auf regionale Zutaten und traditionelle Rezepte konzentrierte und diese an die kulinarischen Gewohnheiten der Gegenwart anpasste. Das Vorhaben wurde ab 2006 vom Nordischen Rat mit erheblichen Geldsummen unterstützt. Zentraler Ort für die New Nordic Cuisine war in dieser Zeit das Restaurant »Noma« in Kopenhagen, das von Claus Meyer und René Redzepi 2003 gegründet wurde.

In Dänemark hatte bereits die Filmszene mit ihrem »Dogma 95«-Manifest für internationale Aufmerksamkeit gesorgt. Die skandinavischen Köche legten 2004 mit dem »New Nordic Food Manifesto« nach. Unter den zwölf unterzeichnenden Spitzenköchen aus nordischen Ländern war zwar keine einzige Frau vertreten, aber immerhin waren zwei Isländer, zwei Köche von den Färöern und ein Koch aus Grönland unter ihnen. Für Streetfood und Food Halls eignet sich die nordische Küche übrigens nur bedingt. Die im Sommer 2016 in New York in der Vanderbilt Hall eröffnete »Great Northern Food Hall«, ein riesiges Prestigeprojekt, das versuchte, nordische Esskultur und skandinavischen Style massentauglich zu machen, ging mit Beginn der Pandemie 2020 in die Knie.

Die New Nordic Cuisine hat in Island jedoch definitiv dazu beigetragen, dass die traditionellen Lebensmittel der Insel – vor allem das isländische Schaf, isländische Milchprodukte und der frische Fisch des Nordatlantiks – in den Restaurants vermehrt in den Mittelpunkt gerückt wurden. Nachdem 2017 das erste isländische Restaurant einen Michelin-Stern bekam, haben mittlerweile mehrere isländische Restaurants nachgezogen. Die Esskultur auf Island hat in der letzten Dekade radikale Sprünge gemacht, von nationaler Spitzenküche bis zu internationalen Streetfood-Variationen ist alles vertreten und wird von Touristen und der Lokalbevölkerung nachgefragt. Das Angebot der Supermärkte hat sich ziemlich ausdifferenziert, und es entstehen immer neue kulinarische Orte, die neben der isländischen Natur als Fotogelegenheit für die sozialen Medien bestehen können.

Roman Köster

Alles Müll, oder was?

Eine kleine Naturgeschichte

Was ist Müll?

Kunst liegt bekanntermaßen im Auge des Betrachters, und mit Müll ist es nicht viel anders. Mitunter sind die Grenzen fließend, etwa als ein Hausmeister 1982 Joseph Beuys' berühmte Fettecke wegputzte – was denjenigen, die moderne Kunst nicht schön finden, ein selbstzufriedenes Schmunzeln ins Gesicht trieb: Ist das Kunst oder kann das weg? Hinter solchen polemischen Attitüden steht allerdings ein tieferes Problem: Genauso wie es keine »objektiven« Kriterien für Kunst gibt, gibt es keine »objektiven« Kriterien dafür, was als Müll zu behandeln ist. Sicher lässt sich behelfsmäßig mit Gefahrenabwehr argumentieren, etwa wenn es um giftige Substanzen geht. Aber das betrifft nur das wenigste, was unter diese Kategorie fällt. Und selbstverständlich kann man sich auch aus radioaktiven Abfällen eine Halskette basteln – man wird sie nur nicht lange tragen.

Während sich unzählige Theorien damit beschäftigen, was Kunst ist, was Menschen als schön empfinden, was ihre ästhetische Wahrnehmung stimuliert oder auf eine besondere Weise zu ihnen spricht, sieht es beim Müll eher mau aus. Im Grunde gibt es überhaupt nur einen einzigen grundlegenden Text, der die gegenwärtigen Debatten bestimmt. Und dabei ist das Buch der Ethnologin Mary Douglas *Purity and Danger* aus dem Jahr 1966 bei genauerem Hinsehen ein eher unwahrscheinlicher Kandidat für eine der wichtigsten Schriften der modernen Umweltbewegung, beschäftigt es sich doch in erster Linie mit der Deutung verschiedener alttestamentlicher Texte, insbesondere des Buches Leviticus.[1] Doch ließen sich Douglas' Überlegungen auf eine vergleichsweise einfache Formel zuspitzen: Schmutz und Reinheit waren ihr zufolge politische Begriffe. Sie konstituierten symbolisch Ordnung und damit Herrschaft.

Die sozial- und kulturwissenschaftliche Beschäftigung mit dem Müll, zusammengefasst unter dem Label *Discard Studies*, ist in den letzten Jahren erstaunlich populär geworden. Dort dienen die Überlegungen von Douglas als Ausgangspunkt, um über gesellschaftliche Wertzuweisungen nachzudenken, über Zeitlichkeit, Warenfetischismus oder kapitalistische Machtverhältnisse.[2] Doch zugleich zeigt sich hier ein Defekt, der sich mit Douglas' Ansatz eingeschlichen hat: Indem sie Schmutz und Reinheit als politische Ordnungsbegriffe fasste, lag es nahe, die Bewertung von etwas als Müll gleichfalls als politisch, autoritär gesetzt zu beschreiben. Dann wurde er zu einer Metapher für Prozesse der *Entwertung*, die ja längst nicht nur bei den Dingen stattfinden, die in der Tonne landen. Vielmehr kann alles Müll sein, alles zu Müll werden. Insbesondere Menschen.

Die Kosten sind allerdings hoch: Der Müll wird so auf eine Unterscheidungsoperation reduziert und ihm im Grunde das genommen, was ihn als Gegenstand – im Übrigen auch für die Kunst – so interessant macht: seine konkrete Materialität. Doch können wir überhaupt sinnvoll über Müll reden, wenn wir diese Materialität ausblenden? Er reizt das Auge, passt nicht ins Arrangement, drängelt sich in unser Sichtfeld, nimmt Platz weg, transformiert sich, fängt an zu riechen, ist bisweilen giftig. Natürlich sind das mitunter »subjektive« Einschätzungen, die aber eben doch immer an ganz konkrete Artefakte gebunden sind. Und es waren durch die Geschichte hindurch immer ganz spezifische Artefakte, denen genau diese Eigenschaften zugesprochen wurden. Es stellt sich die Frage, woran das liegt.

Man kommt einer Antwort auf diese Frage näher, wenn man die Normativität unserer Vorstellung von Abfall aus den Herausforderungen des alltäglichen Lebensvollzugs zu rekonstruieren versucht. Müll ist schließlich ein Gattungsmerkmal: Menschen haben schon immer Artefakte produziert, mit denen sie nichts mehr anfangen konnten, die sie störten, die sie als schmutzig empfanden. Doch unter welchen Umständen wurde etwas zu »Müll« erklärt, welche Naturwahrnehmung lag dem zugrunde, welche Rückschlüsse ergaben sich daraus für unsere Interaktion mit den Dingen, mit denen wir uns täglich umgeben, die wir gebrauchen und irgendwann aus unserem Nahfeld entfernen wollen?

Diesen Fragen soll hier im Rahmen einer kleinen Naturgeschichte nachgegangen werden. Sie beschreibt den Müll als unabwendbaren Teil des menschlichen Lebensvollzugs und erkennt zugleich an, dass die Produktion von Müll stets einen Eingriff in die natürliche Umwelt des Menschen bedeutet. Drei jeweils eng mit der Materialität von Müll verknüpfte Aspekte spielen dabei die Hauptrolle: Das ist zunächst die Frage, unter welchen Bedingungen etwas als nutzlos oder nützlich betrachtet wird, was den Abfall vor allem mit der Geschichte des menschlichen Wirtschaftens verknüpft. Zweitens nehmen Abfälle Platz weg und verstopfen den öffentlichen Raum, was vor allem dort zum Problem wird, wo sich die Menschen ihren Lebensraum durch den Bau von Städten selbst beengen. Und schließlich geht es um die Frage, welche Rolle Vorstellungen von Schmutz und Sauberkeit spielen, was Menschen als Müll wahrnehmen.

Nutzen

Müll zeichnet sich vor allem durch eine Banalität aus: nämlich seine Nutzlosigkeit. Jedoch ist das bei genauerem Hinsehen gar nicht so banal, denn Nutzlosigkeit beschreibt einen momentanen Zustand, der geändert werden kann. Im Grunde zeigte sich das schon an den allerersten Abfällen, die Menschen produzierten, nämlich ihren Fäkalien. Diese rochen und lagen herum, und doch müssen die Menschen früh gemerkt haben, dass sie durchaus noch für etwas zu gebrauchen waren. Fäkalien waren der wirksamste Dünger, der vormodernen Gesellschaften zur Verfügung stand. Was hätte also näher gelegen, als sie zu sammeln und auf die Felder auszubringen?[3]

Für vormoderne Gesellschaften bis ins 18. Jahrhundert war Abfall stets eine relative Kategorie, denn es gab kaum etwas, was sich nicht mit geringerem oder größerem Aufwand wieder in etwas Nützliches verwandeln ließ: sei es durch Wiedernutzung, Reparatur oder materielle Verwertung. Entsprechend wurden historische Gesellschaften – seien es die alten Römer oder Azteken – auch immer wieder als *Zero Waste*-Gesellschaften bezeichnet und ihnen eine andere Einstellung zum Abfall zugeschrieben: Sie hätten eine *Recycling-Mentalität* ausgebildet, also ein Bewusstsein für die Möglichkeiten, Dinge wieder zu nutzen. Wie es die US-amerikanische Sozialhistorikerin Susan Strasser formuliert hat: »Everyone was a *Bricoleur*«.[4]

Woran lag das? Zunächst war die vormoderne Welt im Vergleich zu heute materiell viel weniger komplex. Materialien ließen sich einfacher verwerten und in Produktionslebenszyklen zurückführen, als das heute etwa mit Kunststoffen oder Chemikalien der Fall ist. Zugleich war Wiedernutzen und -verwerten aber auch eingebunden in spezifische Formen menschlichen Wirtschaftens. Der Frühneuzeithistoriker Reinhold Reith hat das in einer »Recycling-Formel« zusammengefasst: Waren Rohmaterialien teuer und Arbeit billig, wurden Dinge meist wieder genutzt und verwertet. Das war aber eine Konstellation, die in der menschlichen Geschichte bis weit in die Epoche der Industrialisierung hinein immer gegeben war. Entsprechend findet die Archäologie – abgesehen von Gräbern und Schlachtfeldern – kaum jemals Metalle oder Glas, denn diese waren wertvoll und konnten leicht wiederverwertet werden.[5]

Was bei Reith deutlich wird und was bei den politischen Müllbegriffen leicht unter den Tisch fällt: Um etwas Nutzloses in etwas Nützliches zu verwandeln, war stets der Aufwand von Arbeit und Zeit erforderlich. Das stellt den Umgang mit Abfällen in eine Geschichte menschlichen Wirtschaftens. Es handelte sich jedoch damals noch um eine Welt der Begrenztheit der Reichtümer: Die Dinge auf Erden waren knapp und konnten nicht einfach vermehrt werden. Zudem lebte in den europäischen Städten des Mittelalters und der frühen Neuzeit geschätzt die Hälfte der Bevölkerung an der absoluten Armutsgrenze, hatte also ständig ums Überleben zu kämpfen. Das macht plausibel, warum Wiederverwenden, Reparieren, Verwerten so alltäglich waren.

Von *Zero Waste* kann für die Vormoderne trotzdem nicht die Rede sein. Es waren gerade deren Knappheiten, die das Wiederverwerten oftmals verhinderten. So konnten zwar beispielsweise alle möglichen Gebrauchsgegenstände aus Tieren hergestellt werden. Dafür waren jedoch energieintensive Verwertungstechniken notwendig, etwa um Häute und Knochen auszukochen. Energie – zumeist in Form von Brennholz – war vor der großflächigen Erschließung fossiler Energieträger jedoch generell knapp. Auch die Schwierigkeiten des Transports verhinderten in vielen Fällen die Wiederverwertung. So war es beispielsweise sehr aufwendig, aus den Städten Fäkalien aufs Land zu bringen, wo sie als Dünger auf die Felder aufgetragen werden konnten. Tierkadaver und Misthaufen auf den Straßen gehörten deshalb zu den großen Umweltbelastungen vormoderner Städte.[6]

Diese Knappheitsrelationen begannen sich langsam zu verändern, seit sich in der zweiten Hälfte des 18. Jahrhunderts zunächst in Großbritannien neue Formen maschinengestützter Massenproduktion durchsetzten. Über kurz oder lang wurden damit mehr Produkte immer billiger verfügbar. Zudem wuchs die Einwohnerzahl der Städte, deren Bewohner immer mehr Abfälle erzeugten. Auf dem Weg zur Wegwerfgesellschaft befand man sich aber noch nicht. Die Industrialisierung beseitigte vielmehr die Engpässe von Transport und Energie, die das Wiedernutzen lange Zeit behindert hatten. Weil zugleich zahllose neue Verwertungstechnologien entwickelt wurden, wurde in der zweiten Hälfte des 19. Jahrhunderts vielleicht so viel recycelt wie nie zuvor. Allein in Paris soll es damals um die 50 000 Chiffonniers gegeben haben. Es entstanden globale Märkte für aus heutiger Sicht eher unwahrscheinliche Materialien wie Lumpen oder Knochenmehl.[7]

Eine entscheidende Wendung hin zu unserer heutigen Welt der Müll-Lawinen und Megadeponien lässt sich eher um die Wende zum

20. Jahrhundert beobachten: In den industrialisierten Ländern wurde die Güterproduktion immer effizienter, und die Reallöhne stiegen an. Die Variablen von Reiths Recyclingformel begannen sich dauerhaft zu verschieben. Zugleich veränderte sich aber nach und nach die materielle Grundlage der kapitalistischen Massenproduktion. Für viele klassische Recyclingmaterialien wurden Ersatzstoffe entwickelt. Fäkalien brauchte man nicht mehr zu sammeln, wenn Salpeter oder Kunstdünger reichhaltig verfügbar waren. Die Lumpenpreise fielen in den Keller, wenn sich auch hochwertige Papiersorten aus Holzschliff herstellen ließen. Für Gummi, Latex, Baumwolle und vieles andere wurden synthetisch hergestellte Alternativen entwickelt.[8]

Die Grenzlinie zwischen nützlichen und nutzlosen Dingen wurde nach und nach neu gezogen. Insbesondere nach dem Zweiten Weltkrieg wurden in zahllosen Bereichen neue Verfahren der Massenproduktion entwickelt, die zu stark sinkenden realen Preisen für Fleisch, Kleidung, Gebrauchsgegenstände, Unterhaltungselektronik oder was auch immer führten. Damit schwanden nach und nach die ökonomischen Anreize für das Wiedernutzen, und die Müllmengen erlebten einen historisch beispiellosen Anstieg. Das ist oft kulturkritisch als Folge einer Wegwerfmentalität gedeutet worden, als Ausdruck einer Entfremdung von den natürlichen Grundlagen unserer Existenz. Tatsächlich haben sich die materiellen Voraussetzungen unseres Lebensvollzugs grundlegend geändert, indem Wege gefunden wurden, mit historisch nie dagewesener Effizienz alle möglichen Dinge zu produzieren. Und genauso wie die vormoderne Recyclingmentalität eine Folge der Knappheit war, so ist unsere Wegwerfmentalität ein Resultat dieses Überflusses.

Aber es passierte noch mehr: Die neuen Verfahren der Massenproduktion führten dazu, dass die materielle Grundlage kapitalistischer Massenproduktion sich fortgesetzt transformierte, vor allem durch Elektronik, Chemikalien oder Kunststoffe, die nicht zuletzt für Verpackungen verwendet wurden. Der moderne Kapitalismus entwickelte sich gewissermaßen zu einem *Allesfresser*, indem er immer mehr chemische

Elemente in die Produktion integrierte, von denen viele vormals als bloße Kuriosität gegolten hatten.[9] Während der vormoderne Müll, selbst wenn er nicht wiedergenutzt wurde, nach kurzer Zeit zu Kompost wurde, »vergeht« er heute nicht mehr ohne Weiteres. Das belastet nicht nur die Umwelt und verdreckt die Meere, sondern erschwert auch den früher vergleichsweise einfachen Akt, etwas Nutzloses wieder in Gebrauch zu nehmen.

Platz

Ein anderer grundlegender Aspekt, mit dem wir es beim Müll zu tun haben, besteht darin, dass er Platz wegnimmt. Das wird schon deshalb zum Problem, weil die Dinge, mit denen wir in unserem Alltag umgehen, nicht statisch sind. Wir kaufen im Supermarkt ein, gehen ins Bekleidungsgeschäft oder versorgen uns anderweitig über Märkte. Die dort erworbenen Artefakte sammeln sich an, drängen an uns heran, und würden wir nichts wegwerfen, wären wir bald mit einem Übermaß an Dingen konfrontiert. Die kultursoziologische Forschung hat gezeigt, wie wir mit den Gegenständen unseres Alltags eine Beziehung eingehen, mit ihrer Hilfe ein erwartungsstabiles Nahfeld aufbauen.[10] In diesem können wir aber nicht unendlich viele Dinge willkommen heißen, und entsprechend gilt das sogenannte »Messi«-Syndrom, bei dem Menschen sich von Sachen nicht trennen können, auch nicht in erster Linie als ein hygienisches Problem, sondern als eins sozialer Desorganisation.[11]

Wegwerfen ist insofern ein Akt, mit dem wir nicht nur in unseren Wohnungen, sondern auch in unseren Köpfen Ordnung schaffen. Zugleich löst sich die Materialität des Mülls nicht in Luft auf, wenn wir ihn herausbringen. Auch im öffentlichen Raum nimmt er Platz weg, und in Peking oder New York muss die Müllabfuhr heute nur ein paar Tage streiken und die Straßen quellen über. Doch selbst in vormodernen Gesellschaften, die nur sehr wenige Abfälle produzierten, sammelten sich Abfälle an, bildeten Haufen auf den Straßen, wurden zu einem Verkehrshindernis. Selbst dort, wo die Nasen unempfindlich waren, und noch vor allen Fragen der Städtehygiene oder Umweltsorgen musste mit Abfällen umgegangen werden.

Platz ist kein Problem, wenn Platz vorhanden ist. Auf dem Land gab es deshalb noch bis in die 1960er-Jahre keine relevanten Müllprobleme. In den Städten als der *Gebauten Umwelt* des Menschen war Platz jedoch die entscheidende Determinante, warum und wie mit Abfällen verfahren wurde.[12] Das fing damit an, dass sie sich aus Sicherheitsgründen mit Mauern umgaben und damit den Stadtraum begrenzten. Das provozierte immer wieder eine bauliche Verdichtung, die dazu zwang, den Müll wenigstens vor die Tore der Stadt zu bringen. Angesichts der Transportschwierigkeiten vormoderner Gesellschaften war das alles andere als eine leichte Aufgabe, die viel Arbeit erforderte. Englische Städte fingen schon im Spätmittelalter an, so etwas wie professionelle Sammeldienste einzurichten.[13]

Die Platzprobleme verschärften sich mit dem globalen Städtewachstum seit der zweiten Hälfte des 18. Jahrhunderts. Die Mauern wurden zwar irgendwann abgebaut oder bedeutungslos, trotzdem führte das keineswegs zu einer Entzerrung. Wenn sich gerade in den Stadtzentren die Menschen zusammendrängten, galt es, die Kosten für den Wohnraum gering zu halten. Menschen, die gar keine Landwirtschaft mehr betrieben, ließen sich kostengünstig in Mietskasernen zusammenpferchen, zumal in einer Welt ohne Auto und Fahrrad die Arbeitsstätten erreichbar bleiben mussten. Das machte die Sammlung und das Wegschaffen der Abfälle zu einer dringlichen Aufgabe, zumal man während des 19. Jahrhunderts anfing, den Zusammenhang zwischen urbaner Hygiene und Ausbreitung von Epidemien besser zu verstehen.

Insofern bedingte der Urbanisierungsschub des 19. Jahrhunderts mit einer gewissen Zwangsläufigkeit die Geburt einer Institution, die wir heute als selbstverständlich erachten: der Müllabfuhr. Private Sammeldienste hatte es zwar schon vorher gegeben, seit den 1850er-Jahren wurden sie jedoch mehr und mehr zu einer Angelegenheit des Staates.

Das Hauptanliegen lag nicht mehr darin, Abfälle zu verwerten, sondern die Bürger und Bürgerinnen vor Gestank und Krankheiten zu schützen. Die Technologien der Städtehygiene, wie die aus Stahlblech gefertigten und mit einem Hoheitszeichen versehenen Mülltonnen, kommunizierten diese gesundheitspolitische Aufgabe mit notwendiger Klarheit. Zugleich veränderten sie die Wahrnehmung des Abfalls: Die Gefahrenabwehr wurde nun zum wichtigsten Grund, Müll wegzuschaffen.[14]

Es ist bemerkenswert, welcher globale Zivilisationswettstreit sich in der Folgezeit um die Müllabfuhr entwickelte. Gustav Stresemann bezeichnete sie 1927 als Deutschlands besten Botschafter in der Welt und spitzte damit zu, welche Ausmaße der globale Sauberkeitswettstreit in der Zwischenzeit angenommen hatte. Es wurden immer neue Technologien entwickelt, um Abfälle aus dem Stadtraum zu entfernen. Umso größer war die Demütigung, als die bestehenden Infrastrukturen von den seit den 1950er-Jahren dynamisch ansteigenden Müllmengen vollkommen überfordert wurden. Gerade noch gelang es, den anfallenden Müll einzusammeln, während sich beim Entsorgen mehr und mehr die Überforderung einstellte. In Westdeutschland entstanden zahllose wilde Kippen in den Städten, die gerade im Sommer oftmals zu brennen anfingen. Die Materialität des Mülls feierte ein erstaunliches Comeback.

Seitdem hat sich viel verändert: Die Müllabfuhr wurde rationalisiert, die Entsorgung neu geordnet. Gerade in den reichen westlichen Ländern griff man verstärkt zu der Alternative, Abfälle zu verfeuern. Schauen wir jedoch auf andere Plätze über den Globus, wird schnell klar, wie sehr der Müll im öffentlichen Raum weiterhin präsent ist. In Städten wie Buenos Aires muss man sich nur aus dem Stadtzentrum hinausbewegen, um auf teilweise meterhohe Müllberge in den Straßen zu stoßen. In Lagos sind wilde Deponien im Stadtraum präsent und dienen oft genug als Landmarken für Menschen, die sich dort nicht auskennen. Durch die Geschichte hindurch war die *Gebaute Umwelt* des Menschen stets entscheidend dafür, wie mit Müll umgegangen wurde. Nach dem Zweiten Weltkrieg wurde der Müll aber immer häufiger selbst zu einem Teil davon, prägte die bauliche Gestalt, die »Natur« urbaner Räume.[15]

Manchmal war das in einem klassischen Sinne zu verstehen, etwa wenn Deponien stillgelegt und in Grünflächen umgewandelt wurden. Das erschien attraktiv, zumal man dafür keinen wertvollen Baugrund opfern musste. Doch die Anstrengungen, Müllablagerungen von einer Belästigung in etwas Angenehmes zu verwandeln, scheiterten immer wieder an der Materialität des Mülls. Oftmals erwies es sich aufgrund giftiger Chemikalien als kaum möglich, die Deponien zu bepflanzen. Viele von ihnen mussten jahrelang saniert werden, bevor dort verliebte Paare flanieren konnten. Der moderne Müll lässt sich nicht mehr ohne Weiteres naturalisieren, sondern stellt die Stadtökologie vor Herausforderungen, die sich nur noch unter großen Anstrengungen meistern lassen.

Schmutz

Schließlich lässt sich vom Müll nicht reden, ohne den Schmutz zu thematisieren. Abfall ist nicht nur tendenziell nutzlos und nimmt Platz weg. Vielmehr verstört er Auge und Nase, verwest und fermentiert. Der Ekel spielt eine wichtige Rolle, ob wir etwas zu Müll erklären oder nicht. Doch auch das alles sind natürlich historisch wandelbare Kategorien, und das Regiment der täglichen Körperwäsche beispielsweise, dem wir uns heute unterwerfen, wäre noch in den 1960er-Jahren als ziemlich merkwürdig erschienen.

Um solche Veränderungen zu beschreiben, sind Historiker*innen schnell mit Norbert Elias' Theorie des Zivilisationsprozesses bei der Hand.[16] Dieser zufolge setzten sich Phänomene wie Tischmanieren, die Kontrolle von Gewaltimpulsen oder auch sexuelle Disziplin erst im Laufe der Neuzeit und im Zuge der Ausprägung eines uns kontrollierenden Über-Ichs durch. Während Elias selbst Fragen der Hygiene nur beiläufig abhandelte, legte die Logik seiner Theorie eine bestimmte

Schlussfolgerung nahe: Vorstellungen von Schmutz, Gestank oder Ekel liegen keinesfalls in der Natur des Menschen, sondern sind Ausdruck einer zivilisatorischen Entfremdung. Man weiß nicht, ob sich die frühgeschichtlichen Menschen im Dreck gesuhlt haben, doch wenn, dann hatten sie nach Elias ganz sicher Spaß dabei.

Hier sollen nicht die langen Debatten um Elias' Überlegungen verfolgt werden. Doch vielleicht lässt sich mit aller Vorsicht formulieren: Zweifellos hatten frühere Gesellschaften ein anderes Verhältnis zu Schmutz und Hygiene, anders wäre es auch gar nicht gegangen. Doch entsprechende Vorstellungen finden sich tatsächlich in praktisch allen frühen Gesellschaften, von denen wir eine Textüberlieferung besitzen. Gerade in hierarchisch strukturierten Gesellschaften eigneten sich solche Ideen zur sozialen Differenzierung, etwa um eine Ober- und eine Unterschicht voneinander abzugrenzen. Das limitierte allerdings zugleich die Wirkung solcher Normierungen: Wenn die Patrizier damit anfingen, sich zu waschen, besser zu kleiden, für die Abholung ihrer Abfälle zu sorgen, dann ging das die kleinen Leute nicht wirklich etwas an. Im Gegenteil: Es hätte sogar als sozial unangemessene Imitation wahrgenommen werden können.

Die soziale Normierung von Sauberkeit und Schmutz besitzt eine inhärente Steigerungslogik, denn entsprechende Praktiken werden von anderen wahrgenommen, bewertet, abgelehnt oder nachgeahmt. Setzte sich Sauberkeit einmal als soziale Norm durch, war mehr davon immer besser als weniger. Während stratifizierte Gesellschaften diese Steigerungslogik jedoch wie gesehen in Schach hielten, konnte sie sich mit der Ausbildung der bürgerlichen Gesellschaft seit dem 18. Jahrhundert sukzessive entfalten.[17] Zugleich erwies sich die Hygiene als geschickt darin, sich neue Verbündete zu suchen und mit den großen Integrationsideologien des 19. Jahrhunderts wie dem Nationalismus ein Bett zu teilen. Der Weg zur volldeodorisierten Gesellschaft unserer Tage war langfristig geebnet.

Auf die Wahrnehmung von Abfall hatte das signifikante Auswirkungen. Zwar hatte es die Wahrnehmung »sauberer« und »schmutziger«

Städte schon lange gegeben. Insbesondere wohlhabende Kaufmannsstädte machten Sauberkeit zum Gegenstand ihres Bürgerstolzes, und auch im Wettstreit der Konfessionen zwischen Protestantismus und Katholizismus war Städtehygiene ein Argument. Dass Vorstellungen von Schmutz jedoch im Gewand einer scharfen Moralität daherkamen und zur Abwertung anderer Leute benutzt wurden, das war durchgehend erst im 19. Jahrhundert der Fall. Da parallel auch das Wissen um die Gefahren von Abfällen für die öffentliche Gesundheit wuchs, konnte sich die schärfste persönliche Abwertung als Sorge um die öffentliche Gesundheit camouflieren. Insofern drehten sich im 19. Jahrhundert intensive Debatten um schmutzige Körper und schmutzige Straßen. Den öffentlichen Raum sauber und von Abfällen frei zu halten sollte Infektionskrankheiten wie die Cholera verhüten, zugleich aber auch die soziale Existenz der Menschen ganzheitlich heben.

Die Wahrnehmung des Abfalls verschob sich jedoch seit den 1960er-Jahren. Bis dahin war Müll immer noch Teil der Stadtökologie gewesen, in dem er herumlag, das Auge irritierte, schlecht roch, in den Boden einsank, Ratten und andere Kleintiere anzog. Zunehmend wurde das Problem jedoch nicht mehr im Schmutz und nicht mehr im Geruch gesehen. Bei einem Müll, der voll mit Plastik und Chemikalien war, wurde es vielmehr gerade dann gefährlich, wenn etwas nicht stank. Während die Natur der Stadt als beherrschbar erschien und Infektionskrankheiten im Zeitalter der Antibiotika ihren Schrecken verloren, wurde die schleichende Vergiftung durch die Überreste des Massenkonsums zum beherrschenden Thema. Bakterien und Viren machten krank oder auch nicht. Sie lagerten sich aber nicht ab, machten nicht erst nach vielen Jahrzehnten krank. An die Stelle von Cholera und Typhus trat der Krebs als die große Krankheit des Umweltzeitalters.[18]

Insofern war es gerade die neue Materialität des Abfalls, die seine Wahrnehmung veränderte. Seine zunehmend komplexe Zusammensetzung entzog sein Gefahrenpotenzial der ingenieurstechnischen Beherrschbarkeit. Dann reichte es nicht mehr, Mülltonnen aufzustellen, geordnete Deponien zu errichten oder bessere Filter in die Schornsteine von Verbrennungsanlagen einzubauen. Um die Natur vor dem Müll zu schützen, schien vielmehr eine grundlegende Veränderung der Wirtschaftsweise insgesamt notwendig zu sein. Wie wenige andere Umweltprobleme provozierte der Müll folglich eine Systemkritik, die immer vor dem Problem steht, unsere Lebensstile und Konsumformen, mithin die angenehmen Seiten unseres Lebensvollzugs infrage zu stellen. Das bestimmt die Debatten seit den 1960er-Jahren, ohne dass wir – trotz Recycling und Biolebensmitteln – hier einen entscheidenden Schritt weiter gekommen wären.

Schluss

Müll ist heute der Inbegriff dessen, was sich als eine freudianische Interpretation des modernen Kapitalismus beschreiben ließe. Wir können den Müll sammeln, wegschaffen, deponieren, verbrennen: Los bekommen wir ihn damit nicht. Vielmehr kehrt er in Form von Schadstoffen und Chemikalien in unsere Lebenswelt zurück, lagert sich als Mikroplastik in unserem Verdauungstrakt ab. Die zunehmend komplexe Materialität des Mülls erschwert nicht nur seine Rückführung in Produktlebenszyklen, er bedroht die Unversehrtheit der Natur und die Integrität unserer Körper. Diese Vorgänge lassen sich nicht verstehen, wenn man Müll als bloßen politischen Ordnungsbegriff begreift. Vielmehr ist es notwendig, seine Materialität in Rechnung zu stellen. Erst dann lässt sich rekonstruieren, wie Müll wahrgenommen wurde, welche Herausforderungen er schuf, wie mit ihm umgegangen wurde, wie seine Existenz die natürliche Umwelt, die Ökologie unserer Städte, die Gesundheit der Menschen beeinflusste.

Eine solchermaßen materialistische Müllgeschichte verweist zugleich auf ein Defizit, das aktuelle Umweltdebatten immer noch auszeichnet: Die Kritik am Kapitalismus ist schnell hingeworfen, wird aber selten genug vertieft. Erst wenn genauer verstanden wird, wie Umweltbelastung mit unserer Wirtschaftsweise zusammenhängt, wie diese unseren alltäglichen Lebensvollzug prägt, welche Freiheiten und Zwänge damit einhergehen, lassen sich bessere Debatten führen. Vielleicht ist der Müll, gerade weil wir von seiner Materialität nicht sinnvoll abstrahieren können, ein besonders geeignetes Vehikel, um der naturprägenden Wirkung menschlichen Handelns genauer auf den Grund zu gehen.

Anmerkungen

1 Mary Douglas: *Purity and Danger. An analysis of concept of pollution and taboo.* London, New York 2002 (1966).

2 Exemplarisch: Max Liboiron, Josh Lepawsky: *Discard studies. Wasting, systems, and power.* New York 2022.

3 William E. Doolittle: »Gardens are us, we are Nature: Transcending Antiquity and Modernity«, in: *Geographical Review* 94 (2004), S. 391–404.

4 Susan Strasser: *Waste and Want. A Social History of Trash.* New York 1999, S. 22.

5 Reinhold Reith: »Altgewender, Humpler, Kannenplecker: Recycling im späten Mittelalter und der frühen Neuzeit«, in: Roland Ladwig (Hg.): *Recycling in Geschichte und Gegenwart.* Freiberg 2003, S. 41–79.

6 Carole Rawcliffe: *Urban Bodies. Communal Health in Late Medieval English Towns and Cities.* Woodbridge 2013.

7 Sabine Barles: *L'invention des déchets urbains. France: 1790–1970.* Seyssel 2005.

8 Vgl. Roman Köster: *Müll. Eine schmutzige Geschichte der Menschheit.* München 2023.

9 Aaron Greenfield, T. E. Graedel: »The omnivorous diet of modern technology«, in: *Resources, Conservation and Recycling* 74 (2013), S. 1–7.

10 Aida Bosch: *Konsum und Exklusion. Eine Kultursoziologie der Dinge.* Bielefeld 2010.

11 Scott Herring, Collyer Curiosa: »A Brief History of Hoarding«, in: *Criticism* 53, 2011, S. 159–188.

12 Martin V. Melosi: *Garbage in the Cities. Refuse Reform and the Environment*. Pittsburgh 2004.

13 Franziska Neumann: »Vormoderne Recycling-Mentalität? Abfall und Abfallregime im frühneuzeitlichen London«, in: *Historische Zeitschrift* 317 (2023), S. 63–94.

14 Anne Hardy: *Ärzte, Ingenieure und städtische Gesundheit. Medizinische Theorien in der Hygienebewegung des 19. Jahrhunderts*. Frankfurt am Main 2005.

15 Roman Köster: *Hausmüll. Abfall und Gesellschaft in Westdeutschland 1945–1990*. Göttingen 2017.

16 Norber Elias: *Über den Prozeß der Zivilisation: soziogenetische und psychogenetische Untersuchungen*. Berlin 1939.

17 Alain Courbin: *Le Miasme et la Jonquille*. Paris 1986 (1982).

18 Köster, *Hausmüll*. S. 244.

Jan-Niclas Gesenhues

Offensiver Umweltschutz

Eine gesunde Natur ist das Fundament unseres Wohlstands. Aber durch die Krisen der letzten Jahre ist der Umwelt- und Naturschutz stark unter Druck geraten. Wie kommt er da wieder raus? Was können wir tun, um den Schutz unserer Lebensgrundlagen wieder stärker in die Offensive zu bringen?

Wer Wohlstand sichern will, muss in Natur investieren

Bereits in meiner Kindheit habe ich viel Zeit in Wäldern und auf Wiesen verbracht. Diese Ausflüge haben einen Funken in mir entzündet, der bis heute brennt: die Wertschätzung für eine vielfältige und intakte Natur. Aber es ist nicht nur die emotionale Verbundenheit, die unsere Natur so wertvoll und Umweltschutz so wichtig macht. Investitionen in gesunde Ökosysteme sind immer auch eine Investition in unseren wirtschaftlichen Wohlstand.
70 Prozent der Unternehmen in der Eurozone sind laut einer Studie der Europäischen Zentralbank von Leistungen abhängig, die nur artenreiche Ökosysteme zur Verfügung stellen. Es geht beim Naturschutz also nicht nur um die eine oder andere lieb gewonnene Tier- oder Pflanzenart. Es geht um unsere Versorgung mit Lebensmitteln, mit Arznei, Baustoffen, sauberer Luft und Trinkwasser – um die Grundlagen unseres täglichen Lebens und unserer Wirtschaft.

Leider kommt diese zentrale Bedeutung des Natur- und Umweltschutzes oft zu kurz und ist durch Kriege und Energiekrise sogar noch weiter in den Hintergrund gerückt. Populistische Kampagnen gegen jegliche Umweltgesetzgebung verstärken den Druck. Die Lage ist also nicht einfach. Aber gerade jetzt gilt: Im Kampf gegen die Dreifachkrise aus Erderhitzung, Artenaussterben und Verschmutzung ist es wichtiger denn je, dass der Umwelt- und Naturschutz ganz oben auf die politische Agenda rückt.

Die Natur ist unsere Verbündete

Ein zentraler Baustein ökologischen Fortschritts ist die Wiederherstellung von zerstörter Natur. Denn gesunde Ökosysteme sind unsere besten Verbündeten für den Klimaschutz und der beste Schutzschild gegen Hochwasser und Dürren. Klar ist: Die ökologische Krise ist eine globale Herausforderung und muss international angegangen werden. Deswegen sollten wir globale Partnerschaften zum Schutz von Natur und Umwelt in den nächsten Jahren umfangreich ausbauen.
Natürlich können wir international nur glaubwürdig für eine ökologische Politik werben, wenn wir in Deutschland unseren Beitrag leisten. Mit dem wirksamen Schutz der Arten und Lebensräume. Mit einer Wasserpolitik, die Gewässer und Natur schützt und gleichzeitig unsere Trinkwasserversorgung sichert. Mit einer Ressourcenschutzpolitik, die wirksame Anreize setzt, damit Rohstoffe immer wieder genutzt werden, anstatt sie erst der Natur abzupressen und nach einmaliger Nutzung zu entsorgen.

Bündnisse für ökologischen Fortschritt

Um Umwelt- und Naturschutz stärker in die Offensive zu bringen, ist es essenziell, breite gesellschaftliche Bündnisse für ökologischen Fortschritt zu schmieden. Erfolgreich sind solche Bündnisse dann, wenn sie divers aufgestellt sind und von Verbänden über Unternehmen bis hin zur Wissenschaft reichen. Solche Bündnisse bilden die Grundlage für eine schlagkräftige und kampagnenfähige Umweltbewegung, die ein politisches Momentum für offensiven Umweltschutz schaffen kann, wie wir es gerade jetzt so dringend brauchen.

Nicole C. Karafyllis

Wesentlich nicht-unnatürlich

Grundlagen biofaktischen Denkens

Das Nicht-Natürliche und das Unnatürliche

»Nichts ist mehr natürlich«, so pfeift es seit längerem von den Dächern der Academia, keineswegs nur bedauernd. Überall sei man von Kultürlichem umgeben und wenn nicht, dann von Technischem. Warum diese Sicht plausibel wirkt und trotzdem nicht stimmt, soll der folgende Text erläutern. Dazu werden verschiedene Konstellationen von »natürlich«, »kultürlich« und »technisch« untersucht und Relationen der Unterbestimmtheit markiert. Es geht um eine begriffliche Triangulation, in der durch eingeübte Dichotomien wie Natur/Technik und Kultur/Natur (die es überdies so nicht in allen Kulturen gibt) eine Griffigkeit und scheinbare Klarheit erzeugt wird, aber das jeweils Dritte ausgeblendet wird.

Der Text arbeitet sich von Begriffssondierungen auf der Ebene der Reflexion nach unten vor zu den Dingen und Wesen, die natürlich, kultürlich und/oder technisch verstanden werden. Dabei rücken die selbstverständlich gewordenen Mischformen der Biofakte in den Fokus. Ein Ziel ist, die zugrunde liegenden begrifflichen Differenzen nicht einzuebnen um einer Taxonomie willen, sondern sie analytisch offenzuhalten für die Zukunft.

Lebensweltlich ist die Meinung, dass vieles natürlich ist, ungebrochen und allgegenwärtig, von der »natürlichen Geburt« bis zu »natürlichen Baustoffen« wie Holz und Schafwolle. Das Natürliche wird oft wertend als Korrektiv zur gemachten Erfahrung des übermäßig Technischen in Anschlag gebracht: im Krankenhaus, im Eigenheim und andernorts. Diese Redeweise gehört zur Moderne. Hinzu tritt »Natur« als Substantiv, in die Stadtbewohner glauben, am Wochenende zur Erholung gehen zu können, wobei es sich zumeist um eine hochkultivierte Natur der Kulturlandschaft handelt, vom Bodensee bis in den Harz.

Diese Ansicht findet sich schon bei den Senatoren des antiken Rom, die sich im Sommer auf ihre Landsitze zurückzogen (etwa bei Plinius dem Jüngeren). Die Rede von »Natürlichkeit« kann unterprivilegierte Arbeit – die der Sklaven, der Landwirte, generell der Frauen – unsichtbar machen, wohingegen ein Verweis auf Techniken professionalisierend wirkt. Der Philosoph Gernot Böhme betitelte eingedenk jener scheinbaren Selbstverständlichkeiten eines seiner Bücher mit *Natürlich Natur.*[1] Vorausgeschickt sei in diesem Sinne, dass die Frage nach dem Verschwinden von Natürlichkeit nicht identisch ist mit der nach dem Verschwinden von Natur, auch wenn beide einen Zusammenhang bilden. Eine verlorene Natur mag renaturiert werden können[2], eine verlorene Natürlichkeit kann es sicher nicht. Natürlichkeit ist ein Zeitbegriff, der auf eine Wesentlichkeit abhebt, kein räumlich abzugrenzendes Areal.

Natürlichkeit kann statisch (»xy ist natürlich« aufgrund von Form und Struktur) und dynamisch (»xy ist natürlich entstanden« beziehungsweise »von Natur aus«) verstanden werden, wie schon Aristoteles in der *Physik* darlegte und die *Naturgemäßheit* von der *Naturwüchsigkeit* unterschied. Letztere Bedeutung, die die Genese und Herkunft adressiert, ist maßgeblich und wird hier vorrangig beleuchtet: das Natürliche ist gezeugt und gewachsen; das Kultürliche ist es teilweise, das Technische ist es nicht. Anders als bei Dieter Birnbacher, der die erste Philosophie der Natürlichkeit[3] vorgelegt hat, interessiert hier noch nicht die ethische Anwendung. Er nennt die Naturwüchsigkeit »genetische Natürlichkeit« und die Naturgemäßheit »qualitative Natürlichkeit« und betont, dass ein Verweis auf Natürlichkeit eine *Normaussage* oder eine *Wertaussage* bedingen kann.[4] Normaussagen zur Natürlichkeit bedingen Handlungsprinzipien (beispielsweise in der Reproduktionsmedizin und Sterbehilfe). Wertaussagen richten sich an das Wertebewusstsein, in dem Natürlichkeitsargumente bestimmte Weltzustände als erhaltenswert adressieren, etwa beim Schutz eines Urwaldes, weil dieser natürlich gewachsen ist, aber auch bei der als »natürlich« adressierten Schafwolle. Der von Birnbacher bemerkte Überschuss an positiven Wertungen, der mit dem Hinweis auf Natürlichkeit in postindustriellen Gesellschaften einhergeht, soll hier weitgehend ausgeblendet werden; ebenso der kulturwissenschaftlich zu beobachtende Reflex negativer Wertungen, wenn von »Natürlichkeit« die Rede ist, weil jede Argumentation mit diesem Wortgebrauch unter starkem Naturalismusverdacht steht. Erforderlich sind weitere wissenstheoretische und phänomenologische Klärungen jenseits der Leitdifferenz von Natürlichkeit/Künstlichkeit.

Statt »Künstlichkeit« können wir es zunächst mit der einfachen Negation des Natürlichen versuchen: das Nicht-Natürliche. Bezogen auf die obigen Unterscheidungen gilt hypothetisch: *Nicht-Natürliches* ist nicht gezeugt oder zumindest nicht von selbst gewachsen (ad Naturwüchsigkeit), so wie eine gute Imitation, zum Beispiel eine naturidentisch wirkende Plastikblume, wohingegen *Unnatürliches* nicht normale Strukturen oder Formen annimmt (ad Naturgemäßheit). Dies wäre der Fall bei Züchtungen von Blumen in unnatürlichen Neonfarben, nicht aber von Neonfischen, die dergestalt in der Natur vorkommen. Die mangelnde Ähnlichkeit zum gewohnt[5] Natürlichen ist ein doppeltes Kriterium der Künstlichkeit.

Künstlichkeit kann sich ihrerseits auf Kulturalität (das Gewohnte, Gehegte und Gepflegte) oder Technizität, dann als Eingriff im Rahmen einer technischen Handlung mit dem Ziel des Steuerns, Regelns und Sicherns, oder auf Kreativität beziehungsweise das Schöpferische beziehen. Konsens besteht, dass es realiter graduelle Abstufungen der Künstlichkeit gibt. Birnbacher ordnet sie nach den Dimensionen (1.) Eingriffstiefe, (2.) Dichte der Wechselwirkungen und (3.) Intentionalität.[6]

Künstlichkeit ist absichtlich. Während die erste und die dritte Dimension klassische Präsuppositionen der Technik sind, die mit der Grenze von Innen/Außen operieren, folgt die zweite einem jüngeren, medienökologischen Verständnis von Technik, das über den Wechselwirkungsbegriff bis zu Kant zurückreicht. Spezifika der Kultur und Kultivierung kommen ebenso wenig vor wie ein weiterer klassischer Bestimmungshintergrund der Technik: die Beständigkeit.[7]

Künstlich-Sein: Artefakte

»Artefakt«, wörtlich: das künstlich Gemachte, versammelt technische Dinge wie Häuser, Maschinen, Verkehrsmittel und Werkzeuge und kann als ein Inbegriff von Technik gelten. Artefakte sind nicht nur künstlich entstanden, sondern sie sind jeweils *als* Künstliches gemacht, in der bewussten Abgrenzung vom Natürlichen. Künstlichkeit, Nutzenorientierung und Funktionalität bestimmen den Bedeutungskern, wobei er das Kriterium der Künstlichkeit mit den Artefakten der Kunst teilt, den Werkzeuggebrauch mit einigen Tieren, die Nutzenorientierung mit dem Sprachgebrauch, weshalb in der Artefaktphilosophie weitere Abgrenzungen zurate gezogen werden.

Vergleichen wir das Argument der Beständigkeit der technischen Artefakte mit einem prominenten kunstphilosophischen Ansatz. So nimmt Reinold Schmücker an, dass Artefakte immer einen Urheber beziehungsweise Verursacher haben, aber gerade »nicht unvergänglich« sind.[8] Dies wären etwa mathematische Beweise.

Wir sehen hier zwei Zeitskalen, aber vor allem zwei Hinsichten des Künstlichen aufgespannt: die Beständigkeit/Unbeständigkeit des Künstlichen hinsichtlich des Werdens/Vergehens des Natürlichen; und die Vergänglichkeit/Ewigkeit des Künstlichen hinsichtlich Materialität/Virtualität, wobei Materialität mit der stofflichen Natur gleichgesetzt und dem Geist gegenübergestellt wird. Dort braucht es keine Hinweise auf Natürlichkeit, weil die Frage des Schöpfers/Künstlers geklärt scheint.

So wird klar, dass die klassischen Artefakte der Technik wie Maschinen vor der im Hintergrund wirkenden Entgegensetzung von *Natur und Geschichte* (als einer typischen des 18. Jahrhunderts) als »beständig« verstehbar sind, wohingegen die Artefakte der Kunst als »nicht unvergänglich« auf die jüngere Dichotomie von *Natur und Geist* verweisen.[9]

Das Machen der Technik und die lange Weile des Anthropozäns

Der Text ist bereits hoch eingestiegen und betritt nun die nächsthöhere Metaebene mit den Konzepten »Mensch« und »Geschichte«, denn die Aussage, dass nichts »mehr« natürlich sei, beinhaltet, dass es einmal anders war. Aber wann und für wen? Die gefühlte Ubiquität des Technischen hat in den Industrieländern auf das Menschenbild übergegriffen. Das Machen und Gestalten scheint für das Menschsein in den gemäßigten Breiten mittlerweile nicht mehr nur notwendig wie die Greifhand mit opponierbarem Daumen, sondern auch hinreichend.

Anthropologische Figuren wie Helmuth Plessners »natürliche Künstlichkeit« des Menschen, der sich zu dem, was er ist, mit Techniken und Werkzeugen erst machen muss, aber dabei auf die niedrigeren organischen Stufen wie Tier und Pflanze verwiesen bleibt, werden verkürzt verstanden. Natur und Natürlichkeit brauchen wir scheinbar nicht, wir brauchen Umwelt und Ressourcen. Diesem anthropologischen Technizismus verdankt sich der – allerdings nur medial – erfolgreiche Begriff des Anthropozäns, der ein Erdzeitalter nach den Einflussnahmen des Menschen benennt, selbst wenn dies in kritischer, umweltschonender Absicht geschieht. Hier wird durch einen anmaßenden Technikbegriff der Kulturbegriff eingeebnet und von einigen Proponenten die Einführung der Agrikultur und Sesshaftwerdung großer Teile der Menschheit während der Neolithischen Revolution in einem Atemzug genannt mit Atomwaffentests und Herstellung von Kunststoffen, vulgo Plastik. Eine »natürliche« Lebensweise hatte der Mensch allenfalls als Jäger und Sammler.

Die wissenschaftliche Beschreibung der Vergangenheit wertet mit Blick auf die Umweltfolgen, als hätten Menschen vor 10 000 Jahren schon Intensivlandwirtschaft betrieben. So gerahmte Diskurse zum Klimaschutz folgen dem gleichen Ideologem wie die zum Posthumanismus: Bald ist Schluss, aus und vorbei mit uns, wenn wir nicht technisch gegensteuern, und zwar gegen uns selbst.

Denn es handelt sich beim Anthropozän um nicht weniger als eine geschichtsphilosophische Transformation der Naturgeschichte mit ihren vielen Lebensformen in eine negative Anthropologie, die letztlich nur noch drei Zeiten kennt: vor, während und nach »dem Menschen«. Die Hybris siegt über die Hybridität, der gemäß der Mensch nicht nur Techniknutzer, sondern immer auch Naturwesen ist. Dabei verbindet sich der handwerkende *Homo faber* als Denkfigur des 19. Jahrhunderts mit planetarischem und apokalyptischem Denken. Seine Welt ist für eines offen: technische Innovationen. Entsprechend raunte Peter Sloterdijk vor einigen Jahren zum Anthropozän: »Die Technik hat ihr letztes Wort noch nicht gesprochen.«[10]

Die Technik, nicht nur die Natur, wird personifiziert. »Das Machen der Technik« liest sich doppelt als Genitivus objectivus und subjectivus: Technik wird gemacht und Technik macht. Zwischen der Technik als Objekt, die sich in gemachten Dingen und getätigten Praxen zeigt, und der Technik als Subjekt besteht eine tiefe Unversöhntheit. Die Unmenge der hergestellten Dinge und Infrastrukturen wird im Anthropozändiskurs auch als »physische Technosphäre« bezeichnet. Sie legt sich wie eine Abfallschicht um die Erde und verschließt ihren Stoffwechsel.[11] Als Subjekt verstanden macht die Technik Fortschritt. Sie macht sogar Geschichte oder führt mit dem Schießpulver, der Dreifelderwirtschaft, dem Buchdruck, der Dampfmaschine Mittel und Zwecke in die Vergangenheit ein, die dadurch nicht zufällig gerichtet ist.

So nennt man die gegenwärtige Epoche auch Technozän[12] und versucht die Unversöhntheit dadurch zu überwinden, dass man die biologisch-chemische Evolution und die technische Innovation einander konzeptuell annähert wie im Ausdruck »Global Change«. Die Technik wird zu einem biogeodynamischen Medium und Großen Technischen System, das steuert, regelt und transformiert. Was nicht passt, wird passend gemacht. Derart umfassend mit agentiellen Möglichkeiten ausgestattet, lässt »die Technik« ihre mühsamen Entstehungsbedingungen und die menschliche Verantwortung für ihre Gestaltung, ihre kulturelle Angepasstheit, ihre Instandhaltung und ihr Recycling vergessen. Sie befördert in biotechnischen, insbesondere bionischen[13] Narrativen auch die Fehlannahme, dass die natürliche Selektion nach Charles R. Darwin eine zweckgerichtete Handlung einer metaphysischen Allmacht (»Gott«) sei und die Natur als Evolution sich ihre Arten zweckgemäß anpasse. In summa hat die Personifizierung »der Technik«, die auch hinter dem Wort »Technokratie« lauert, eine Entlastungsfunktion ähnlich wie bei der Redeweise von »die Natur«.

Das Wachsen der Natur und die Mühen der Kultivierung

Anders als im Falle der Technik sind Natur als Objekt und als Subjekt nicht unversöhnt. Wir bemerken es, wenn wir den ihr zustehenden Prozess – das Wachsen (griech.: *phyein*) statt des Machens – begrifflich betrachten und allgemein vom »Wachsen der Natur« sprechen, was ihre Zeugung und Fortpflanzung (die Vermögen der *anima vegetativa*) einschließt. »In großer Bedeutungsbreite kann *physis* den ›Wuchs‹ von Pflanzen und Tieren sowie die Beschaffenheit einer Gattung oder den Ursprung bzw. die Beschaffenheit des gesamten Kosmos *(physis ton panton)* benennen.«[14]

Die geologische, chemische und biologische Dynamik des Kosmos steht mit den einzelnen Wesen in mechanischer und dynamischer Verbindung. In den Worten Kants hat die Natur als ganze eine »innere Zweckmäßigkeit«, die wir (unter dem Vorbehalt der Reflexion) auch den als »natürlich« bezeichneten Entitäten für das eine große Ganze –

»die Natur« – zuschreiben.[15] Das führt in die bekannten Debatten um Kausalität und Teleologie der Natur, mechanistische Weltbilder und ob wir die Naturdinge überhaupt sinnvoll teleologisch interpretieren können, ohne sie immer schon zum Gegenstand der Kunst beziehungsweise der Technik zu machen.

Versuchen wir es etwas anders. Eingangs wurde festgestellt, dass Natürlichkeit ein Zeitbegriff ist. Natürliches in seiner Eigenzeit zu verändern – zu beschleunigen, zu bremsen, alternativ zu takten – setzt eine besondere Form der Interaktion mit ihr voraus, die wir nicht ohne Weiteres »Eingreifen« nennen können, weil sie nicht räumlich zu denken ist (vgl. oben »Eingriffstiefe« als Dimension des Technischen). Vielmehr handelt es sich um eine Nutzung ihrer vegetativen Vermögen, die gärtnerisch, agrarisch und forstlich gesteuert, gesichert und unter »Kultivierung« gefasst werden. Wesentlich ist hier nicht, wie oft zu lesen, die Veredelung (beispielsweise mittels Pfropfung) und Transformation, sondern die Steuerung der Aussaat und des (Ver-)Pflanzens, der Ernte sowie allgemein die Züchtung, um überhaupt das Natürliche (»Wilde«) steuern und sichern (bei Tieren: halten) zu können. Schon Georg Simmel wählt 1908 zur Erläuterung das Beispiel der Züchtung einer Birnensorte:

»Kultivierung setzt voraus, dass etwas da sei, was sich vor ihrem Eintreten in einem nicht kultivierten – eben dem ›natürlichen‹ – Zustand befand; und sie setzt nun weiter voraus, dass die dann eintretende Änderung dieses Subjektes irgendwie *in dessen natürlichen Strukturverhältnissen oder Triebkräften* latent sei, wenngleich nicht von diesen selbst, sondern eben nur durch die Kultur zu realisieren; dass die Kultivierung ihren Gegenstand zu dem für ihn determinierten, in der eigentlichen und wurzelhaften Tendenz seines Wesens angelegten Vollendung führe. Darum erscheint uns der Birnbaum selbst kultiviert, weil die Arbeit des Gärtners schließlich nur die in der organischen Anlage seiner Naturform schlummernden Möglichkeiten entwickelt, ihn zu der vollkommensten Entfaltung seiner eigenen Natur bringt. Wenn dagegen ein Baumstamm zu einem Segelmast verarbeitet wird, so ist auch dies sicher eine Kulturarbeit, allein keine ›Kultivierung‹ des Baumstammes, weil die Form, zu der die Arbeit des Schiffsbauers ihn gestaltet, nicht in seiner eigenen Wesenstendenz liegt; sie wird ihm vielmehr rein von außen, von einem seinen eigenen Anlagen fremden Zwecksystem hinzugefügt.«[16]

Simmel unterscheidet hier mit Kant die äußere Zweckmäßigkeit, die in Form der Schiffsbautechnik einen Zweck an die Natur des Holzes heranträgt, von der (hypothetischen) inneren Zweckmäßigkeit (der gemäß ein Baum nicht zur See fahren würde) und diese von der *relativen* Zweckmäßigkeit der Natur, deren Triebkräfte die Kultivierung ausnutzt.

Hier wird mit der möglichen »Zuträglichkeit« der Naturzwecke für den Menschen argumentiert. Sie ist zufälliger Art und muss aus dem Natürlichen züchterisch herauspräpariert werden. Eingedenk der Anthropozän-Narrative sei betont: Der Begriff »Kultivierung« ergibt nur Sinn, wenn man von einer kontinuierlichen Welt mit Menschen ausgeht. Es ist eine Welt der Bäuerinnen und Fischer, auf die die Natürlichkeit des Wachsenden kultivierend abgestimmt wurde. Eine »Natur ohne Menschen« oder eine »Natur, die den Menschen nicht braucht« ist mit Kultivierungsanstrengungen unvereinbar. Unbegründet ist zudem die Hoffnung, dass Tierrassen, gegebenenfalls sogar Arten, weiterbestehen würden, wenn der Zweck, dem sie zuträglich waren, aufgegeben wird, sei es die Woll- oder Fleischproduktion oder der Einsatz von Tragtieren oder auch die militärische Nutzung wie im Fall der Brief- beziehungsweise Stadttauben. Nicht alle Nutztiere werden Haustiere werden können, aber auch nur wenige wieder verwildern.

Nicht nur in die Herstellung eines Segelmastes, auch in die Kultivierung der einst ungenießbaren wilden Holzbirne *(Pyrus pyraster)* hin zu einer aromatischen Kultursorte ist menschliche Arbeit eingegangen, betont Simmel. Zu ergänzen ist, dass dies mehrere Generationen gedauert hat. Selbst heute benötigt die Züchtung einer Kultursorte der Birne aus einer anderen etwa 20 Jahre, was sich kommerziell nicht mehr lohnt. Wir fassen zusammen: Die Kultivierung hat, anders als die

Technisierung, ein inneres Moment und eine latente »Wesenstendenz«, die hypothetisch in der Natur selbst liegt.[17] Dies führt zum Grundgedanken des Biofakt-Konzepts.[18]

Wesentlich nicht-unnatürlich: Biofakte wachsen selbst, aber nicht von selbst

Biofakte wachsen selbst, aber nicht *von* selbst. Ihre Autonomie des Wachsens, wie man sie von Wildpflanzen kennt, wird teilweise unterbunden, teilweise umgelenkt. Die innere Zweckmäßigkeit des Naturdings muss dabei so provoziert und gesteuert werden, dass sie der äußeren Zweckmäßigkeit hinreichend entspricht. Es fing an mit dem Sammeln und Lagern von Samen und mit der vorläufigen Hemmung der selbstständigen Fortpflanzung, bei Nutzpflanzen durch Ernte, Lagerung, Aussaat und Selektion. Aus Gräsern wurde Getreide gezüchtet, dessen Ähren im Laufe der Jahrtausende mehrzeiliger wurden. Wachstum ist hier nicht nur, wie im Falle des Natürlichen, Medium der Zeugung, sondern bewusst Mittel der Erzeugung.

Kultivierungsmaßnahmen sind notwendige Bedingung für Biofakte, insofern Kultivieren ein Steuern und Sichern des Vegetativen ist. Bei der Verwissenschaftlichung jener kulturellen Praxen wird die Natur »vernünftig« und selbstorganisierend wie ein System verstanden. Dieser Schritt von der Kultivierung zur Technisierung ermöglicht, nicht nur zu provozieren und zu steuern, sondern auf molekularbiologischer Ebene auch eingeschränkt zu regeln (Genregulation und Regulation innerhalb der sogenannten Omics). Kultivierungen und Technisierungen können aufeinanderfolgen oder sich gegenseitig ergänzen, dies kann je nach Organismus, Wuchsmedium und Umweltparametern kontinuierlich oder diskontinuierlich geschehen.

Biofakte sind trotzdem keine Artefakte, das heißt keine hergestellten Dinge von Bestand. Sie leben, werden und vergehen. Die biotechnisch erzeugten Merkmale können rückmutieren, die eingehegten Pflanzen aus Gärten können »ausbrechen« und verwildern. Biofakte sind *wesentlich nicht-unnatürlich*. Die Naturwüchsigkeit wird aufgrund des technischen Einflusses zwar zunächst negiert (»nicht natürlich«), aber weil das so ermöglichte Resultat, anders als zu erwarten, keine maßgebliche Differenz zur Naturgemäßheit hat (»unnatürlich«), wird auch dieses negiert (»nicht unnatürlich«) und, mehr noch, in dieser doppelten Negation als wesentlich verstanden (»nicht-unnatürlich«). Es kann sich etwa um transgene Pflanzen im Freiland oder um angezüchtetes Gewebe in der Petrischale handeln, das zur Transplantation in einen Körper gedacht ist.

In den Biofakten haben sich technische Eingriffe mit dem Kultürlich-Natürlichen verwachsen. Das Technische an den erzeugten Dingen ist so mehrfach unsichtbar geworden: repräsentativ in den historischen Erzählungen, lebensweltlich und oft auch physisch in der Wahrnehmung und sogar auf der molekularen Analyseebene. Ein Beispiel ist die Unsichtbarkeit von Saatgutbanken und anderen Samenbanken. Sie bevorraten lebende Bestände und stellen sie anderen bereit,[19] um züchterische und experimentelle Handlungen vornehmen zu können. Sie bilden die ermöglichende Infrastruktur, die den funktionalen Erfolg des jeweiligen Erzeugnisses zwar nicht garantieren kann, aber ohne die das Erzeugen nicht einmal versucht werden könnte.

Hans Blumenberg hat die besondere Regulierung der Lebenswelt durch die qua Technik erzeugten Selbstverständlichkeiten näher beschrieben, was wir auf unseren Fall übertragen wollen. Anders als bei Artefakten wie Autos oder Gebäuden tritt bei Biofakten das Technische nicht im »Mimikry der Gehäuse« auf, sondern ist in die »Lebenswelt implantiert«. Mit diesem Ausdruck hebt Blumenberg implizit auf die pflanzlichen Vermögen der Assimilation ab, die in theoretischer Absicht zur Technisierung der Lebenswelt gehören. Biofakte *erscheinen* als selbstverständliche Natur-Kultur, zum Beispiel auf dem Acker, womit sie als »Technisierung« die Lebenswelt dadurch zu regulieren vermögen, dass »jene Sphäre, in der wir *noch* keine Fragen stellen, identisch wird mit derjenigen, in der wir keine Fragen *mehr* stellen […]«.[20]

Das Selbstverständliche wird durch Technisierung mit erzeugt und transformiert auf subtile Weise (hier Blumenberg ergänzend: durch Kultivierung) das Gegebene, weil das so besetzte Gegenstandsfeld »gesteuert und motiviert wird von der immanenten Dynamik des technisch Immer-Fertigen, durch die der Naturgewalt sich gleichsetzende Unwiderruflichkeit der Produktion«.[21] Die List der Mechanik ist selbst dynamisch geworden. Anders als Surrogate und Simulationen können Biofakte nicht enttäuschen, weil sie nicht künstlich sind.

Augenscheinlich nähren sie auch keinen Zweifel. In dieser spezifischen Konstellation meint »natürlich« das Selbstverständliche wie die eingangs genannten »natürlichen Baustoffe«.

Die Begriffsgeschichte der Biofakte fällt ins 20. Jahrhundert. Der Neologismus aus den Wörtern *bios* (griech.: Leben) und *factum* (lat.: gemacht, erzeugt) fand mit dem 2003 edierten Band *Biofakte*[22] Eingang in die geistes- und sozialwissenschaftliche Diskussion.[23] 2006 wurde das Biofakt-Konzept um eine genauere Analyse von Wachstum als Medium und Mittel, 2018 um das Sammeln von Wachstumspotenzialen und ihre Überführung in »Bestände« weiterentwickelt.[24]

In einem anderen Zusammenhang wurde »Biofakt« 1943 von dem Wiener Tierpräparator Bruno M. Klein in der Mikroskopie verwendet, um das Exbiotische (Muschelschalen, Panzer der Krustentiere, Holz) vom Abiotischen zu unterscheiden. Dort meinte der Ausdruck natürlich Gezeugtes und Gewachsenes, das von seinem Bestandscharakter her künstlich erscheint; der Ausdruck geriet in Vergessenheit. Bei seiner Neukonzipierung wurde die umgekehrte Interpretation wichtig: Biofakte bezeichnen etwas als technisch gemacht, das von seinem Wuchs her natürlich erscheint und unbeständig ist. Denn zur Jahrtausendwende hatten die Diskurse um humane Reproduktionstechniken inklusive der Präimplantationsdiagnostik, das Klonen von Nutztieren (»Dolly«) und die Grüne Gentechnik ein Hoch erreicht, hantierten aber mit terminologisch unscharfem Besteck aus dem Science-Fiction-Genre wie »Cyborg« und »Frankenstein-Mais«. Das tradierte Vokabular der Zähmung und Züchtung reicht für Klärungen moderner

Biotechnologien nicht hin, was spätestens an Aussagen wie: »Die Natur klont auch« oder »Die Gentechnik ist eine Fortsetzung der Züchtung« deutlich wurde.

So werden begriffliche Probleme unter der Hand in geschichtsphilosophische Positionen überführt: Wachstum und Handlung scheinen in eins zu fallen, auf einer Metaebene entsprechend Evolution und technischer Fortschritt.

Eine Angriffsstrategie gegen das Biofakt-Konzept ist die Führung des Nachweises, dass es gar nichts Nicht-Gemachtes gibt (extremer Kulturalismus); eine weitere die Reduktion der Natürlichkeit mit Verweis auf das Lebendige auf einen Physikalismus. Das Nicht-Gemachte ist auch dann nichts Technisches, wenn es mit Metaphern der Technik beschrieben wird (Technomorphie). So fragt Bernd Bösel eingedenk einer möglichen Ablösung des Kultivierens durch das (digitale) Prozessieren: »Nun, was wäre ein Prozessieren, das in keiner Weise auf die Indienstnahme von Wachstumsprozessen angewiesen wäre? Es wäre eine Agentialität, die ohne jeden Rekurs auf das Vegetative auskäme. […] In der alles bearbeitbar, schaltbar und entscheidbar wäre, aber nichts mehr von sich aus aufgehen würde.«[25]

Wachstum ist das Proprium von Leben und schließt als solches an ältere Vorstellungen von Seele an. Mit der Pflanzenseele *(anima vegetativa)*, die auch in Tier und Mensch für Wachstum, Ernährung und Fortpflanzung sorgt, beginnt für Aristoteles das Leben. Biofakte bedeuten eine zweckorientierte Nutzung dieser vegetativen Vermögen als Mittel, höherstufig eine Versachlichung des Lebens. Der an bestimmte Medien wie Plasma, Boden, Haut und Matrix gebundene Mittelcharakter entzieht sich der eingeübten philosophischen Tradition, in Organen und Organismen, Prothesen und Körpern zu denken. Arnold Gehlens Frage nach der »Seele im technischen Zeitalter«[26] wird mit dem Biofakt-Konzept neu verhandelbar. Denn zur Debatte steht mit Techniken wie Sammeln, Auslesen, Lagern, Aussäen, Vorziehen und Impfen eine Kontinuität der agrikulturellen Erzeugung bis in die moderne Biotechnologie, was geschichtsphilosophisch das lineare (und westliche) Modell der Ablösung von der bäuerlichen durch die handwerkliche und dann industrielle Gesellschaft inklusive ihrer Moralen relativiert. Vielmehr bestehen agrikulturelle Praxen in technisierter und verwissenschaftlichter Form auch in modernen Gesellschaften fort.

Das Biofakt-Konzept hat drei miteinander verbundene Funktionen, die am Natur-Technik-Verhältnis ansetzen: eine *reflexive* (dekonstruierend), eine *hermeneutische* (analytisch) und eine pragmatisch-instrumentalistische (rekonstruierend). Im Vorfeld normativer Zuschreibungen – vor allem von »Natürlichkeit« – werden ausgewählte Objekte auf diejenigen Zwecke hin befragt, die mit dem Faktischen an ihnen verfolgt werden und erzeugend-herstellend in sie Eingang gefunden haben. Hier interessiert besonders die biotechnologische Modellierung von Geweben, Zellen und DNA, das heißt labortechnisch erzeugte Universalien.

Biofakte gehören in den Bereich der »transklassischen Technik«,[27] die sich in Ansehung zentraler technischer Prinzipien, wie Steuerung und Regelung, und im Rückgriff auf wirkmächtige Begriffe, wie Werkzeug und Maschine, vollzieht, aber zur Erklärung der Objekte über diese hinausgehen muss; und damit auch über die etablierte Modellanalogie von Organismus und Maschine. Das Konzept ist inspiriert durch die Ansätze der Phänomenologie, Historischen Epistemologie und einer Kritischen Theorie der Natur und der Technik,[28] in der die Technikkritik sich nicht mehr in einer Kritik an der Naturbeherrschung erschöpft, wenn sich angesichts von Katastrophen und Unfällen konkrete Anlässe bieten. Biofakte sind Zeugnisse der Vergangenheit und Gegenwart, Biofakte erzählen, wenn als solche rekonstruiert, Geschichten ihrer Technisierung und Differenzerzeugung. Wir brauchen nicht nur mehr Naturgeschichten, sondern mehr Technikgeschichten der Natur, die ihre Natürlichkeit nicht aufheben.

Abschließend können wir die in der Verfügungsgewalt der Technik stehende Natürlichkeit als *beständige Unbeständigkeit* fassen. Insofern ist auch der Bestandscharakter der Technik nur vorläufig, wenn man an das Material Holz denkt. Die Natur des Holzes hat das Prinzip seiner Fortpflanzung in sich. Aristoteles lässt in der *Physik* (II. Buch, 1. Kap.) den Sophisten Antiphon sprechen: Aus einer Liege aus Weidenholz, deren Fuß mit längerem Erdkontakt auszutreiben beginnt, werde stets wieder ein Gehölz und keine Liege. Aber aus einem Menschen werde immer ein Mensch.

Wesentlich nicht-unnatürlich ist immer auch die Natur, die wir selbst sind.

Anmerkungen

1 Gernot Böhme: *Natürlich Natur. Über Natur im Zeitalter ihrer technischen Reproduzierbarkeit.* Frankfurt am Main 1992.

2 Vgl. Robert Elliot: *Faking Nature. The ethics of environmental restoration*. London 1997.

3 Dieter Birnbacher: *Natürlichkeit*. Berlin 2006.

4 Birnbacher: *Natürlichkeit*, a.a.O., S. 38 f.

5 Der Zusatz weist auf die Wahrnehmungsgrenze und die Möglichkeit des Exotischen hin.

6 Vgl. dagegen Schmücker, der den Artefaktbegriff nicht durch Intentionalität bestimmt sieht und einen »zufällig« erzeugten Trampelpfad anführt. Reinold Schmücker: »Artefakt – Schöpfung – Werk – Prolegomena zu einer Taxonomie produzierter Entitäten«, in: *Zeitschrift für Ästhetik und Allgemeine Kunstwissenschaft* 65/1 (2020), S. 17–40.

7 So etwa bei Hannah Arendt und Martin Heidegger.

8 Schmücker, *Artefakt*, a.a.O., S. 28.

9 Quer dazu stehen die Kunstwerke der BioArt, vgl. María Antonia González Valerio (Hg.): *Pròs Bíon: Reflexiones sobre artes, ciencias y filosofías*. Mexico City 2015.

10 Peter Sloterdijk: »Das Anthropozän – Ein Prozeß-Zustand am Rande der Erd-Geschichte?, in: ders.: *Was geschah im 20. Jahrhundert?*. Berlin 2016, S. 7–43, hier S. 38.

11 Jan Zalasiewicz, Mark Williams, Colin N. Waters u.a.: »Scale and diversity of the physical technosphere: A geological perspective«, in: *The Anthropocene Review* 4/1 (2017), S. 9–22.

12 Oliver Schlaudt: *Das Technozän*. Frankfurt am Main 2022.

13 Deshalb, weil die organische Form als Maschine, aber auch als Entelechie gedeutet wird. Vgl. Marco Tamborini: *Entgrenzung. Die Biologisierung der Technik und die Technisierung der Biologie*. Hamburg 2022.

14 Alfred Dunshirn: »Physis« (deutschsprachige Fassung). Version: 2019. In: Thomas Kirchhoff (Hg.): *Online Encylopedia Philosophy of Nature/Online-Lexikon Naturphilosophie*. doi: 10.11588/oepn.2019.0.65543

15 Wie Kant in der *Kritik der Urteilskraft* (KdU) im § 74 erläutert, gilt dies nur für die bestimmende, nicht für die reflektierende Urteilskraft.

16 Georg Simmel: »Vom Wesen der Kultur« (1908), in: ders.: *Aufsätze und Abhandlungen 1901–1908*, hrsg. von Alessandro Cavalli und Volkhard Krech (= Georg Simmel Gesamtausgabe, Bd. 8), Frankfurt am Main 1997, S. 363–372, hier S. 365 f. Vgl. Kant, KdU, § 63 »Von der relativen Zweckmäßigkeit der Natur zum Unterschiede von der innern«.

17 Auch wenn sie uns (mit Kant) nicht dazu berechtigt, absolut von einer Teleologie der Natur auszugehen (vgl. KdU § 63, B 283).

18 Von u.a. diesem inspiriert ist der grundlegende Text von Bernd Bösel: »Was heißt kultivieren?«, in: *Zeitschrift für Kulturphilosophie*, Heft 1/2022, S. 101–118.

19 Nicole C. Karafyllis (Hg.): *Theorien der Lebendsammlung. Pflanzen, Mikroben und Tiere als Biofakte in Genbanken*. Freiburg 2018; Carolina Corrales und Jonas J. Astrin: *Biodiversity Biobanking – a Handbook on Protocols and Practices*. Sofia 2023.

20 Hans Blumenberg: »Lebenswelt und Technisierung unter Aspekten der Phänomenologie« (1963), in ders.: *Wirklichkeiten, in denen wir leben*. Stuttgart 1981, S. 7–54, hier S. 37.

21 Blumenberg, »Lebenswelt und Technisierung«, a.a.O., S. 38. Man vergleiche, wie oft Schmücker (*Artefakt*, a.a.O.,) davon schreibt, dass die Natur Produkte habe.

22 Nicole C. Karafyllis (Hg.): *Biofakte. Versuch über den Menschen zwischen Artefakt und Lebewesen*. Paderborn 2003. Darin die Einleitung »Das Wesen der Biofakte«, S. 9–27. Zuerst genannt in Nicole C. Karafyllis: *Biologisch, natürlich, nachhaltig. Philosophische Aspekte des Naturzugangs im 21. Jahrhundert*. Tübingen 2001, Kap. 6.

23 In jüngerer Zeit zum Beispiel Michael Hauskeller: *Biotechnology and the Integrity of Life: Taking Public Fears Seriously*. New York 2016; Bernhard Gil, Franziska Torma und Karin Zachmann (Hg.): *Mit Biofakten leben*. Baden-Baden 2018; Schmücker, *Artefakt*, a.a.O.

24 Nicole C. Karafyllis: »Biofakte. Grundlagen, Probleme, Perspektiven«, in: *Erwägen Wissen Ethik* 17/4 (2006), S. 547–558; dies.: »Die Samenbank als Paradigma einer Theorie der modernen Lebendsammlung«, in: dies. (Hg.): *Theorien der Lebendsammlung. Pflanzen, Mikroben und Tiere als Biofakte in Genbanken*. Freiburg 2018, S. 39–136. – Die hier dargelegten Gedanken profitieren in den hinteren Teilen von eigenen publizierten Vorarbeiten, für die die genannten exemplarisch stehen.

25 Bösel: *Was heißt kultivieren?*, a.a.O., S. 118. Dass Bösel (vgl. ebd., Fn. 51) im Gegensatz zur Verfasserin meint, dass die Kultivierung unter »Technisierung« subsumiert werden kann, bleibt hier unberücksichtigt.

26 Arnold Gehlen: *Die Seele im technischen Zeitalter*. Reinbek 1957.

27 Christoph Hubig: *Die Kunst des Möglichen I: Technikphilosophie als Reflexion der Medialität*. Bielefeld 2006, S. 158.

28 Gernot Böhme und Alexandra Manzei (Hg.): *Kritische Theorie der Technik und der Natur*. München 2003.

Christiane Grefe

WENIGER VERBRAUCHEN WOLLEN

Schon vor mehr als einem halben Jahrhundert ist der Öko-Klassiker *Die Grenzen des Wachstums* erschienen. Seither haben Physiker, Chemiker, Mathematiker und Ökonomen dem Club of Rome alle Jahrzehnte wieder und wieder seine vermeintlichen Irrtümer vorgerechnet. Eifrig relativierten solche Beckmesser die frühen Warnungen vor der Endlichkeit biologischer und mineralischer Ressourcen, indem sie Kassandra die Erfolge technologischer Neuerungen entgegenhielten. Teils hatten sie recht – aber oft nur innerhalb des engstirnigen Denkens ihrer versäulten Fachdisziplinen. Gleichwohl beriefen sich Politiker gerne auf die Grenzstürmer, um drohende Knappheiten und Naturkatastrophen weiter verdrängen zu können – selbst noch, als diese längst augenscheinlich eintraten.

Grenzen sind unbeliebt im Kapitalismus, aber sie sind da, von Natur aus: Das zeigt keine Ressource deutlicher als der Boden, das Medium des großen Zusammenhangs. Unvermehrbar auf einem endlichen Planeten, limitiert er nicht nur die Erzeugung von Lebensmitteln, sondern allen menschlichen Wirtschaftens. Auch die Material-, Textilien-, Energie- oder Bauindustrie brauchen Flächen als Rohstofflager, Produktions- oder Bauland. Und wo immer sie Grenzen mit der Ausweitung des Konsums überschreiten, leiden die Böden. Auch wenn das Öl länger gereicht haben mag: Für mehr Fleisch, mehr Quadratmeter, mehr Möbel, mehr Mobilität, die man damit erzeugt hat, wurde der Grund kurz und klein gerodet, extrahiert und versiegelt.

Dabei ist er die Existenzgrundlage, im Boden verbindet sich alles: die Atmosphäre mit der Erde, totes Gestein mit den Lebewesen. Abermilliarden von Würmern und Springschwänzen, Bakterien und Pilzen tragen dazu bei, dass Böden Wasser reinigen und bevorraten, Kohlenstoff speichern und fruchtbaren Humus aufbauen, dass sie Pflanzen, Tiere und Menschen nähren, die Umgebung kühlen. Ohne Vielfalt im Untergrund gibt es keine auf der Oberfläche. Aus Böden erwachsen alle Ökosysteme, ob Gewässer, Weiden, Wälder oder Wüsten.

Auch beim Boden warnte der Club of Rome seinerzeit vor Knappheiten, das Bevölkerungswachstum werde von Hunger begleitet sein. Auch hier bringen Agrarökonomen triumphierend vor, dass Technologie das Schlimmste verhindert habe. Doch so erfolgreich die industrialisierte Intensivlandwirtschaft half, die Ernährung zu sichern: Gerade sie erweist sich in ihrem Reduktionismus als bodenblind. Monokulturen, die mit Kunstdünger, Pestiziden, Bewässerungssystemen und schweren Landmaschinen am Leben gehalten werden, haben Böden in aller Welt versalzen, vergiftet, verhärtet, vertrocknet, verweht und sie von Kohlenstoffspeichern in Treibhausgasemittenten verwandelt.

Allein in Europa sind 60 Prozent der Böden degradiert. Weltweit ducken sie sich im Sturm der Multikrise, in der sich der Artenschwund, der Wassermangel, die globale Ungerechtigkeit und der Klimawandel gegenseitig hochschaukeln. Knapper Boden wird so noch knapper – und teurer. »Kaufen Sie Land, sie machen keines mehr.« Mark Twains Empfehlung aus dem 19. Jahrhundert ist brisanter denn je. Wer Land hat, hat Geld – und Macht. Von Nigeria über Indien bis in die Ukraine gibt es immer öfter Kriege und Konflikte um fruchtbare Böden und die Rohstoffe in ihren Tiefen, so wie in den 1970er-Jahren befürchtet.

Es ist keine Rechthaberei, sondern eine Lektion in Bodenständigkeit: Um die ökologischen Krisen zu besänftigen, brauchen wir mehr Politik, die Zusammenhänge im Blick hat. Sie würde Vielfalt und Genügsamkeit ins Zentrum des Wirtschaftens stellen, um unsere Existenzgrundlage nicht nur zu schonen, sondern neu zu beleben. Damit würde sie zugleich die jüngste technologische Hoffnung, »grünes Wachstum«, als Illusion entlarven oder, wie der Schriftsteller Carl Amery einmal sagte, als salvatorische Formel: »Man wird schon was finden …«

Denn der Blick auf die komplexe und hochfragile Lebenssphäre des Bodens zeigt: Wir können ihn nicht noch weiter durch die unbegrenzte Ausbeutung von Lithiumminen und uneingeschränkte Aufbauten von Windkraft- und PV-Freiflächenanlagen, Batterie- oder Halbleiterfabriken verwunden. Auch Elektromobilität, Digitalisierung und KI wachsen nicht in den Himmel. Eine grüne Wirtschaft kann Grenzen ausdehnen, aber nicht sprengen. Sie gelingt nur, wenn wir auch deutlich weniger verbrauchen.

Kaum jemand in der Politik traut sich, diese notwendige Erdung zu fordern. Die Grünen nicht, weil ihnen wegen des simplen Vorschlags eines fleischlosen Kantinenessens der Ruf einer Verbotspartei anhängt. Die anderen Parteien nicht, weil sie hoffen, die

Probleme lieber weiterhin wegtüfteln und daran verdienen zu können. Zu groß ist außerdem die Befürchtung, eine Politik, die den Rahmen für mehr Bescheidenheit setzt, werde einen Shitstorm der Populisten zur Folge haben und deren absurden Vorwurf der Ökodiktatur.

Diese Demokratiefeinde haben die großen Versprechen der Freiheit auf ein vulgäres Konzept von rücksichtslosem Habenwollen geschrumpft. Das aber bedeutet Freiheit nicht. Die demokratische und menschenrechtliche Übereinkunft ist unverrückbar, dass die Freiheit des Einzelnen da endet, wo die Freiheit des Anderen beginnt. Das gilt besonders für die Verteilung, Kultivierung und Nutzung der Böden – in die wir eines Tages alle zurückkehren.

Armin Nassehi

Natura docet

Fünf Naturszenen

Ob die Natur das Ergebnis einer Schöpfung ist oder der Schöpfungsakt selbst als Natur verstanden werden kann, ist eine philosophische Frage nach dem Ursprung des Seienden. Im ersten Fall ist von *natura naturata* die Rede, also von einer erschaffenen Natur, die dadurch einen sekundären Charakter erhält, dass hinter oder besser vor ihr ein Schöpfungsakt angenommen werden muss; im zweiten Fall ist von *natura naturans* die Rede, also von einer schöpferischen Natur, in der Schöpfung und Erschaffenes gewissermaßen in eins fallen. Die *natura naturans* kann dann begrifflich mit dem Göttlichen zusammenfallen, das sich in allem Schöpferischen zeigt. Natur verweist dann begrifflich auf etwas, das so ist, wie es ist, kein Kunstprodukt, keine sekundäre Erscheinung, nicht bloß Akzidenz, sondern die Grundlage der Dinge selbst.

Ohne hier auf die begriffsgeschichtlichen und – in diesem Fall relevant – übersetzungstechnischen Fragen der Wiederaneignung des aristotelischen Denkens aus dem Arabischen einzugehen, nehme ich diese Begriffsunterscheidung nur zum Anlass, auf die besondere performative Bedeutung des Naturbegriffs hinzuweisen. Wer von Natur redet, meint zumeist etwas, das ohne (menschlichen) Eingriff oder Zugriff so ist, wie es ist. Das gilt für die natürlichen Grundlagen des Lebens, aber auch für Landschaften, für Erscheinungen, die vermeintlich etwas Ursprüngliches beinhalten, das sich der Verfügung entzieht – etwa die Endlichkeit des Lebens und der natürlichen Rohstoffe oder die unhintergehbaren Bedingungen unserer Existenz.

Aber schon auf den zweiten Blick entstehen Zweifel an jenem Naturverständnis, das zumeist performativ in Anspruch genommen wird. Eine der einfachsten Erfahrungen in diese Richtung ist die »Natur«, in die wir gerne am Wochenende fahren – in landschaftlich schöne Gegenden zur Erbauung oder Bewegung. Diese Natur ist gestaltete Natur – man spricht von Kulturlandschaften, also gepflegten Landschaften, die ihre Form durch Landwirtschaft, Rodung, Neugestaltung, Verkehrswege und manchmal »Renaturierung« bekommen haben. Natürlich wirken dort überall Naturkräfte – es wächst und stirbt in Flora und Fauna, all das ist von natürlichen Umweltbedingungen abhängig und ändert sich durch deren Veränderung. Jedenfalls ist Natur – in Form unserer Körper, unserer »natürlichen« Umwelt, unserer Lebensgrundlagen, unseres So-Seins immer gestaltete Natur, im obigen Sinne also *natura naturans*? Jedenfalls weist der Naturbegriff, oder besser: der Gebrauch des Wortes Natur, auf eine merkwürdige Spannung hin, etwas gewissermaßen Unverfügbares zu bezeichnen, das aber auf zweierlei Weise verfügbar gemacht wird: durch den Wortgebrauch und durch Gestaltung des Unverfügbaren selbst.

Um dieser Unschärfe auf den Grund zu gehen, seien im Folgenden fünf Naturszenen präsentiert, die der Natur der Natur und ihrer Benennung als Natur auf den Grund gehen werden:

1 Wovon unterscheiden wir Natur? Und wie?

Wir sind daran gewöhnt, Natur von der *Kultur*, vom *Geist* oder von der *Gesellschaft* zu unterscheiden. Darin zeigen sich einige Motive eines modernen Dualismus, der sich vor allem in einer inneren Differenzierung der Wissenschaften zeigt, wie sie folgenreich zu Beginn des 20. Jahrhunderts von dem Philosophen Wilhelm Windelbandt diskutiert wurde. Er unterschied »nomothetische« von »idiografischer« Forschung – was nicht nur unterschiedliche wissenschaftliche Methoden oder Methodologien unterschied, sondern vor allem unterschiedliche Gegenstände umfasste.

Eine der Grundfragen im Laufe der Akademisierung der Geistes-, Kultur- und Geschichtswissenschaften war die Frage, ob auch diese einen wissenschaftlichen, methodisch strengen Anspruch im Vergleich zu den Naturwissenschaften erhalten können.[1] Die Unterscheidung lag tatsächlich in der Vorstellung über die Gegenstände: einerseits *nomothetische* Wissenschaft im Bereich der Naturwissenschaften, mit dem Ziel der Formulierung exakter Gesetze und damit gesetzmäßiger, damit am Ende auch geschichtsloser Aussagen über den Gegenstand; andererseits *idiografische* Wissenschaft, die sich mit interpretationsbedürftigen, kulturellen, historischen Gegenständen beschäftigt und das jeweils eigene der konkreten Fälle bestimmen soll, bezogen auf einen Gegenstand, der sich der Nomothetik der »harten« Wissenschaften entzieht. Diese Unterscheidung findet sich bis heute im englischen Sprachgebrauch, in dem der Begriff *science* weitgehend für die Naturwissenschaften reserviert ist, während das, was im deutschen Sprachraum Geistes-, Kultur- oder Geschichts*wissenschaft* heißt, als *humanities* bezeichnet wird. Inzwischen wird dieser Begriff im Englischen oftmals durch ein Kompositum mit *-studies* ersetzt.

Diese Unterscheidung reflektiert tatsächlich in einer bestimmten Weise, was den modernen Naturbegriff ausmacht, also einen Bereich der Welt zu bezeichnen, der auf Gesetzmäßigkeiten beruht, also auf Naturgesetzen, die man mathematisch berechnen kann. Nach diesem Verständnis steht alles, was diesem Kriterium nicht genügt oder von dem man nicht erwarten kann, dass man entsprechende mathematisierbare Gesetzmäßigkeiten dafür findet, außerhalb des Natürlichen. Und dann unterscheidet man Natur tatsächlich von der Kultur, vom Geist und von der Geschichte – und es ergibt sich daraus eine anthropologische Dualität in der Weise, dass der Mensch einerseits Natur sei, diese aber durch seinen Verstand oder die Vernunft oder durch sinnhafte Verweisungen transzendieren könne.

Dass diese Unterscheidung ihrerseits Falltüren enthält, lässt sich schon daran erkennen, wie sehr etwa in der Hirnforschung, in der Genetik oder auch in der Frage der naturwissenschaftlichen/naturalistischen Begründung des »Geistes« die Grenzen zwischen der Natur und ihrer anderen Seite verschwimmen. Doch dazu später mehr.

Es lohnt sich, einen Blick auf die vormoderne und vorneuzeitliche Verwendung des Naturbegriffs zu werfen – und hier reicht zunächst ein Hinweis auf das 19. Jahrhundert, nämlich auf die reaktionäre Kritik der Französischen Revolution. So beklagt der Gegenaufklärer Joseph de Maistre etwa am Gedanken des Gesellschaftsvertrages von Jean-Jacques Rousseau nicht nur die logisch zweifelhafte Tatsache, dass man für einen Gesellschaftsvertrag diesen bereits voraussetzen müsse, damit Individuen ihn eingehen können.[2] Interessanter ist vielmehr de Maistres Kritik an der Revolution, diese hätte den Individuen zwar ihre Freiheit und die Gestaltbarkeit der Gesellschaft in die Hand gegeben, symbolisiert darin, dass sie die Grundlagen ihres Lebens nun in einem konkreten Vertrag *selbst* in Kraft setzen können. Das aber sei nur um den Preis möglich, eine quasi *natürliche* Ordnung der Gesellschaft in Stände, in Orte, in einen sinnhaften Aufbau, in eine gegliederte Ordnung, in eine dem Ganzen inhärente Logik verloren zu haben, die gerade nicht Ergebnis einer vertraglichen Setzung sei, sondern der (durchaus geschichtlichen) Natur dieser Ordnung entsprach.[3]

Der Naturbegriff stand zuvor tatsächlich eher für einen Ordnungsbegriff, nicht für einen bestimmten Seinsbereich. »Natur« galt schon in der antiken Philosophie nicht im engeren Sinne als Gegenstandsbegriff, sondern als Ordnungsbegriff. Der *physis* ist ein Streben nach Ordnung, sogar eine Teleologie eingeschrieben, und naturgemäßes und tugendhaftes Leben fallen damit in eins. Es ist hier nicht der Ort, das in seinen vielfältigen Verästelungen und Differenzierungen aufzufalten.[4] Die Natur des Menschen war dann vor allem ein Korrelat einer Ordnung, die besonders eine soziale Ordnung war, die den einzelnen Menschen innerhalb dieser Ordnung bestimmte, und tugendhaftes Leben darin bestand, dieser Ordnung zu folgen. Diese lange Begriffstradition ist es, auf die Gegenaufklärer wie de Maistre Bezug nehmen, wenn sie vom Verlust einer natürlichen Ordnung sprechen, in der die Natur des Menschen eine Ordnung ist, die sich selbst genügt und aus sich selbst heraus wirkt – und nicht im engeren Sinne gestaltet werden kann. Der Gesellschaftsvertrag ist in diesem Sinne widernatürlich, als er die Ordnung zum Gegenstand eines Ordnens macht, also als Verfügungsmasse behandelt, die dem Obliegen der Menschen unterliegt.

Der alte Naturbegriff hatte damit normative, teleologische, sogar theologische Komponenten – hatte aber durchaus schon die Funktion, auf etwas zu verweisen, das so ist, wie es ist, das genau genommen nicht verändert werden kann beziehungsweise aus sich selbst heraus existiert. Spuren davon finden sich in der Naturromantik, vor allem aber in der Zurechnung auf Natur mit einer deutlichen Prise Kulturkritik: als Naturkost gegenüber verarbeiteten Lebensmitteln, als natürliche Geburt gegenüber medizinisch überwachten Formen, als Naturbelassenes gegenüber chemischen Zusätzen, als natürlicher Rhythmus gegenüber uhrzeitgetakteten Zyklen, als Naturheilkunde gegenüber einer technisch überformten Schulmedizin, als Naturlandschaft gegenüber einer gestalteten Kulturlandschaft, aber auch als natürlicher Unterschied zwischen ethnischen Gruppen und sogenannten »Rassen« gegenüber politisch oder kulturell vermittelter Zugehörigkeit, ebenso die Naturkonnotationen, die in völkischem Denken wirksam sind, und so weiter. Hier enthält der Naturbegriff nach wie vor ein normatives und teleologisches Element als etwas, das allem Tun vorgeordnet ist und eine eigentliche, eben eine natürliche Ordnung enthält.

Von Natur wird also zumeist das unterschieden, was hergestellt oder erzeugt wird und das damit kontingenter, menschlicher Tätigkeit zugerechnet werden kann. Natur rechnet sich in solchem Verständnis alles selbst zu oder eben einem Gott, der dann als *natura naturans* selbst Element seiner Schöpfung ist.

2 Wege aus dem Naturzustand – und zurück

Eine nachgerade umgekehrte Funktion hat der Begriff der Natur in der Denkfigur des Naturzustandes, der in der neuzeitlichen politischen Philosophie die Funktion einer politischen Ordnung begründen soll. Die sicher bekannteste und wirksamste Idee eines Naturzustandes findet sich in Thomas Hobbes' *Leviathan* aus dem Jahre 1651. Hobbes' Denken liegt eine drastische Anthropologie zugrunde, die davon ausgeht, dass die Menschen sich egoistisch gegeneinander richten, wenn sie nicht zum Gegenteil gezwungen werden. Er schreibt: »Daher kommt es auch, daß, wenn jemand ein geeignetes Stück Land anpflanzt, einsät, bebaut oder besitzt und ein Angreifer nur die Macht eines einzelnen zu fürchten hat, mit Wahrscheinlichkeit zu erwarten ist, daß andere mit vereinten Kräften anrücken, um ihn von seinem Besitz zu vertreiben, und ihn nicht nur der Früchte seiner Arbeit, sondern auch seines Lebens und seiner Freiheit berauben. Und dem Angreifer wiederum droht die gleiche Gefahr von einem anderen.«[5]

Hobbes schrieb das in einer besonderen historischen Situation, nämlich während des englischen Bürgerkrieges im 17. Jahrhundert, als es in einem Konflikt zwischen König Karl I. und dem Parlament, zwischen England, Schottland und Irland und zwischen unterschiedlichen Konfessionen/Kirchen nach der Auseinandersetzung des Königs und Cromwell zeitweise sogar zu einer Republik kam, nachdem der König 1650 hingerichtet wurde. Ein Jahr später erschien der *Leviathan* unter dem Eindruck einer brüchigen politischen Ordnung, die tatsächlich politisches, ökonomisches und religiöses Chaos verursachte und wodurch so etwas wie Erwartungssicherheit eines bürgerlichen Lebens unmöglich wurde. In dieser Zeit plädiert Hobbes dafür, die ordnungslose, vorzivile Form einen »Naturzustand« zu nennen, in dem die Menschen kaum gegen »die Versuchungen von Habgier, Ehrgeiz, Sinnenlust und anderen starken Trieben«[6] Frieden miteinander schließen können. Im Naturzustand sei das nicht möglich, »da die menschliche Natur nun einmal so ist«.[7]

Vor diesem historischen Hintergrund wird Hobbes' Lösung umso verständlicher. Er plädiert dafür, dass die Lösung ausschließlich darin gesehen werden kann, dass die Menschen sich einer Zentralgewalt unterwerfen. Die Lösung »liegt in der Übertragung ihrer gesamten Macht und Stärke auf einen Menschen oder eine Versammlung von Menschen, die ihre Einzelwillen durch Stimmenmehrheit auf einen Willen reduzieren können.«[8] Und das müsse aus freien Stücken, wie mit einem Vertrag, geschehen, womit die Menschen gewissermaßen ihr eigenes Interesse (in Frieden leben und sicher zu sein) mit einem Gemeinwohlinteresse verbinden können. »Ist dies geschehen, so nennt man diese zu einer Person vereinte Menge *Staat*, auf lateinisch *civitas*. Dies ist die Erzeugung jenes großen *Leviathan* …, jenes *sterblichen Gottes*, dem wir unter dem *unsterblichen Gott* unseren Frieden und Schutz verdanken.«[9]

Die Naturmetapher gerinnt hier zu einer Chiffrierung einer Unordnung beziehungsweise einer zentripetalen Kraft, die durch den Staat, jenen sterblichen Gott, gebändigt werden muss. Zieht man die historische Besonderheit des englischen Bürgerkrieges, dem gut 30 Jahre später die sogenannte *Glorious Revolution* folgte, ab, so ist es doch interessant, dass Hobbes den vorbürgerlichen Zustand mit einer Naturmetapher belegt, und zwar auch in dem Sinne, dass die »menschliche Natur nun einmal so ist«, wie oben schon zitiert. Es ist dann der Staat, die politische Ordnung, die Teilung der Macht, das Gewaltmonopol und das Bekenntnis zu einer Rechtsordnung, die die Natur letztlich überwindet, die solche Ordnung nicht kennt. Die vertragstheoretische Grundlegung ist dann später etwa von Hegel aus logischen Gründen kritisiert worden, und mit Rousseau fand sich ein Jahrhundert nach Hobbes eine optimistischere Variante, worauf ich hier nicht weiter eingehen möchte.

Interessant ist aber die Lektüre Hobbes' aus der Perspektive eines chinesischen Sozialphilosophen. ZHAO Tingyang hat seine konfuzianische Begründung gesellschaftlicher und politischer Ordnung in unmittelbarer Abgrenzung von Hobbes formuliert. Auch hier spielt die Natur des Menschen eine Rolle. ZHAO Tingyang vergleicht den gesellschaftlichen Urzustand Hobbes' mit Xunzi, einem chinesischen Denker, der von 313 bis 238 v. Chr. gelebt hat. ZHAO kritisiert an Hobbes, dass er am Ende nicht erklären könne, wie die vertragliche Kooperation unter Egoisten zustande kommen könne. ZHAO schreibt: »Anders als Hobbes sah Xunzis Urzustand ein Grundelement, ein Gen der

Kooperation vor, er nahm nämlich die Gruppe als dem Individuum vorangehend an.«[10] ZHAO schließt daraus ein »ontologisches Prinzip: *Die Koexistenz geht der Existenz voran*, mit anderen Worten, *die Koexistenz ist die Voraussetzung der Existenz.*«[11]

Nun könnte man auch bei dem chinesischen Philosophen auf die historische Bedingung seines Ansatzes hinweisen – etwa darauf, dass hier nach eher defensiven Auseinandersetzungen mit westlichen Forderungen an Pluralismus und Demokratie gegenüber China nun eine eher offensive Perspektive folgt, die nichts weniger als eine konkurrierende Unterstellung der Natur des Menschen annimmt, nämlich eine, die selbst wiederum eine normative, eine teleologische Struktur annimmt, nach der die Menschen *zunächst* nach Kooperation streben, bevor sie durch westlichen Pluralismus, Individualismus und Egoismus solche Kooperation unwahrscheinlicher machen. Darüber ließe sich viel sagen, zum Beispiel ergäbe sich der Hinweis, wie viel Zentralgewalt ein autoritäres Regime wie das chinesische braucht, um den Eindruck von Kooperation in einer auch dort pluralistischen und komplexen Gesellschaft herstellen zu können.

Entscheidender ist die Zurechnung auf die Natur des Menschen zur Erklärung und Legitimation von Ordnung beziehungsweise Ordnungsformen. Und in der Kontrastierung beider wird deutlich, dass solche Zurechnung auf Natur letztlich dazu dient, einen argumentativen Ausgangspunkt zu finden, der selbst unbeobachtet bleibt, oder besser: ein Reservat von Unverfügbarkeit erzeugt.

3 Natur als Unverfügbarkeit

Unverfügbarkeit ist ein Segen. Sie hält latent, was die Bedingung der eigenen Möglichkeit ist. Sie kann im Dunkeln lassen, was nicht zur Disposition steht. Sie entlastet von zurechenbaren und grundlegenden Veränderungen mangels Veränderbarkeit. Unverfügbarkeit ist ein Boden – im wahrsten Sinne des Wortes. Der Boden ist nicht nur eine

Metapher, sondern tatsächlich ein Boden, also das, was trägt. Das hört sich kirchentagsmäßiger an, als es gemeint ist. Der Boden mit seiner Anziehungskraft ist eine Voraussetzung, von der aus sich Horizonte erschließen. Der Boden ist genau genommen voraussetzungslos – bis er einbricht. Wahrscheinlich kann man sich kaum eine erschreckendere Perspektive vorstellen als die, dass der Boden unter den Füßen brüchig wird, wegbricht, nachgibt, verschwindet. Es waren vielleicht deshalb gerade die Bilder der Erde, die den Flug zum Mond so spektakulär gemacht haben.[12] Sie haben die Fragilität der von der Erde aus so wuchtig aussehenden Grundlagen gezeigt, auf denen wir stehen.

Dieses Bild soll zeigen, wie das als natürlich Angesehene die Bedingung der Möglichkeit von allem ist – und je nachdem, wie man diese Natürlichkeit der natürlichen Grundlagen ansieht, wird sie mit bestimmten Bedeutungen aufgeladen. Aber sie bleibt weitgehend unverfügbar – zunächst.

In einem ersten Schritt lässt sich sagen, dass Natur und ihre Grundstruktur unverfügbar sind – aber die Potenziale der Natur sind sehr wohl verfügbar. Alle Technik nutzt Naturkräfte und Naturgesetze, alle Produktivkraftentfaltung nutzt natürliche Grundlagen, die Züchtung und Kreuzung von Pflanzen und Tieren bringt neue Gestalten hervor, die gesamte gebaute/gestaltete Umwelt menschlicher Gesellschaften ist umgestaltete materiale Natur. Natur ist Material – und dieser Satz ist insofern doppeldeutig, als das sowohl für die Natur selbst gilt als auch dafür, dass wir alle vorgefundenen Materialien Natur *nennen*. Menschliche Kulturen sind gewissermaßen Rekombinationsprojekte von Natur und natürlichem Material im allerweitesten Sinne – bis dahin, der »Natur« dann sogar Dinge beizufügen, die es ohne ihre Nutzung durch Technik nicht gäbe. Ist dann Plutonium-239, das in der Natur so gut wie nicht auftritt, sondern nur durch Transmutationen aus Uran-238 in Kernkraftwerken, Natur? Und wenn nicht, was dann?

Das Unverfügbare an der Natur ist nicht die Verfügung mithilfe natürlicher Kräfte, Stoffe und Prozesse, sondern nur die Grundlage dieser Verfügungsmöglichkeit. Unverfügbarkeit, könnte man sagen, ist die innere Logik des Natürlichen, nicht das, was man mit dieser Logik anfängt. Allerdings verschieben sich die Grenzen – und zwar erheblich dramatischer als am Beispiel eines Plutonium-Isotops, das zwar nicht in der Natur vorkommt, aber ohne Zweifel auf die Nutzung natürlicher Bedingungen etwa der Kernspaltung zurückzuführen ist.

Man kann es am Beispiel der Entschlüsselung des menschlichen Genoms beobachten. Die Umstellung der Beobachtung der belebten Natur (Pflanzen, Tiere, Menschen) von systematisierender Beobachtung der Gestalt auf die Entschlüsselung des Genoms öffnet einen neuen Horizont auf die Frage der Unverfügbarkeit der Natur des Menschen. Seit den 1990er-Jahren wird darüber diskutiert, welche Konsequenzen das Klonen von Menschen oder ein Eingriff in das menschliche Genom hätte, um Menschen nach einem Plan zu erschaffen. Im deutschen Sprachraum war es vor allem Jürgen Habermas, der 1998 weniger die biologische Frage gegen gentechnisches Design am Menschen diskutierte, sondern die Folgen im Hinblick auf das Selbstverhältnis und die sozialen Verhältnisse des Menschen.[13]

Habermas betonte, dass sich die Zurechnungsverhältnisse unter den Menschen verändern, wenn jemand seinem Gegenüber sein So-Sein als Ergebnis einer Entscheidung zurechnen kann. Die Anerkennung der menschlichen Autonomie hänge von einer unverfügbaren Kontingenz ab, über die man eben nicht autonom verfügen kann. Obwohl Habermas explizit betont, dass man eine Kritik der biologischen Möglichkeiten nicht biologisch, sondern nur kulturell, philosophisch, reflexiv formulieren müsse, setzt seine Kritik interessanterweise an der Natur an: Erst wenn die Natur des Menschen dem Menschen unverfügbar ist, kann er auch jene Autonomie in Anspruch nehmen, die in seiner Unbedingtheit gründet.

Das ist ein gutes Argument – aber es tritt nicht zufällig in dem Moment in Erscheinung, in dem gerade diese Unbedingtheit nicht mehr gegeben ist und es wenigstens potenziell im Bereich des Möglichen liegt. Dabei geht es gar nicht darum, ob sich Menschen durch genetische Eingriffe tatsächlich *by design* formen lassen – wie weit das möglich ist, ist bis heute umstritten und unklar, schon weil das So-Sein eines Menschen nicht allein von der genetischen Ausstattung abhängt. Aber es geht hier um die Folgen für das Verständnis der eigenen Natur. Techniken wie genetisches Design heben die Unzurechnungsfähigkeit der eigenen Existenz auf – womit dann die Natur tatsächlich zurechnungsfähig wird, jenseits abstrakter Zurechnungspunkte wie Gott oder Schicksal.

Ich habe an anderer Stelle einmal vorgeschlagen, von der *Latenz der Natur* zu sprechen, also letztlich von einem Mechanismus, wie Talcott Parsons ihn für die Kultur vorgesehen hatte.[14] Parsons hat herausgearbeitet, dass Kultur vor allem davon geprägt ist, Bedeutungen, Sprache, Werte, Grundüberzeugungen, alltägliche Selbstverständlichkeiten usw. könnten nur dann stabil bleiben, wenn ihre eigenen Bedingungen latent bleiben, also nicht permanent mitthematisiert werden. Gesprochene Sprache etwa ist nur erfolgreich, wenn die Bedingungen der sprachlichen Bedeutungen nicht mitkommuniziert werden müssen, sondern schlicht vorausgesetzt werden können – auch kontrafaktisch. Diese Latenzfunktion sorgt dafür, dass an anderer Stelle alles Mögliche verflüssigt, diskutiert, rekombiniert, aufgelöst und wieder zusammengesetzt werden kann. Es bedarf eines Fundaments, das nicht stets befragt wird – ähnlich dem Boden, den ich oben als halb metaphorische, halb realistische Figur behandelt habe.

Mit der gentechnischen Möglichkeit, die Existenz des konkreten Menschen zu designen, zu bestimmen, zu gestalten, geschieht etwas Ähnliches wie in dem Fall, dass keine kulturelle Bedeutung mehr für sich steht, sondern befragt werden muss. Der Latenzschutz der eigenen Existenz erweist sich dann als unsere Natur – oder besser andersherum: Unsere eigene Natur erweist sich als Latenzschutz, als eine Bedingung außerhalb unseres Vermögens, als etwas, das leichter zu akzeptieren ist, als es möglich wäre, könnte man diese Bedingung jemandem zurechnen.

Natur hat dann dieselbe Latenzfunktion wie Kultur im Parsons'schen Sinne – womit die Verhältnisse noch verworrener werden. In der ersten Naturszene habe ich die Frage gestellt, wovon man die Natur unterscheiden könne. Von *Kultur* offenbar nicht in dem Sinne, dass beide dieselbe Funktion haben: einen Boden zu bereiten, der nicht sicher ist, aber so aussieht. Vielleicht kann man die reaktionäre Kritik des Gegenaufklärers Joseph de Maistre an den neuen, modernen Verhältnissen der Selbstermächtigung der Menschen im Hinblick auf die gesellschaftliche Ordnung nun übertragen auf eine mögliche Kritik am genetischen Design des Menschen. Wie er meinte, die Menschen hätten nach der Revolution nichts weniger als eine natürliche Ordnung verloren, könnte er nun betonen, dass sie nun sogar ihre eigene Natur verlieren – in beiden Fällen ausgelöst durch die Visibilisierung und die Verfügbarmachung der Bedingung ihrer eigenen Existenz. Es wäre nichts weniger als die Dekonstruktion der Natur selbst.

Die reaktionäre Kritik hat Recht – und doch kommt sie zu spät. Sie bleibt zahnlos, denn früher hätte sie nicht kommen können, weil die Möglichkeiten dafür nicht bestanden. Erst im Angesicht der Bedrohung wird das Überwundene sichtbar – womit dann zugleich die Kritik sich entwertet, denn hinter die Sichtbarkeit der Verhältnisse kann man nicht zurück. Man könnte sagen, wir hätten unsere Natur in dem Moment verloren, in dem sie sichtbar wurde.

4 Zweite Naturen

Aber wir haben auch Naturen gewonnen, zweite nämlich. Es gibt eine längere Tradition, die »Gewohnheiten« des menschlichen Lebens als *zweite Natur* zu bezeichnen. Treffend kommt dies in Hegels Rechtsphilosophie im Kapitel über die Sittlichkeit zum Ausdruck. Er schreibt dort: »Aber in der einfachen *Identität* mit der Wirklichkeit der Individuen erscheint das Sittliche, als die allgemeine Handlungsweise derselben, als *Sitte*, – die *Gewohnheit* desselben als eine *zweite Natur* …«[15] Sittlichkeit meint hier die normativen Selbstverständlichkeiten einer konkreten historischen Gesellschaft, die sich zwar in diesem Sinne vernünftig, aber praktisch vorreflexiv durchsetzen – als Gewohnheit eben. Für unsere Fragestellung relevant ist dabei der Rekurs auf den Begriff der zweiten *Natur* als einer ganz in dem obigen Sinne erarbeiteten Grundlage aller weiteren Möglichkeiten. Als *zweite Natur* stellt sie ein Analogon zur ersten Natur dar und muss wohl ähnlich durchdringend gedeutet werden.

Der Begriff der zweiten Natur unterminiert das allzu einfache Verständnis der Sphäre der Natur als eines Reiches der Notwendigkeit und der Sphäre der Kultur oder des Geistes als einer Sphäre der Freiheit.[16] Wiewohl diese Denkfigur schon länger bekannt ist und gerade die Gewohnheit als reflexionsarme, wiederholende, auch zwangsläufige Form des Alltagslebens gilt, sind es vor allem technische und wissenschaftliche Entwicklungen und Erfahrungen, die die Verhältnisse umkehren. Während, wie Bruno Latour sagt, »neue Mischungen zwischen Wesen: Hybriden, Mischwesen zwischen Natur und Kultur«[17] entstehen, etwa durch den Zusammenhang von Viren und Verhalten, von physischen Umweltverschmutzungen und gesellschaftlichen Folgen, von technischen Apparaturen und Zurechnungsfragen. Latours Verdienst ist es, eine gegenläufige Entwicklung herausgearbeitet zu haben. Einerseits stellt sich das, was als Natur bezeichnet wird, als ein gestaltbarer Raum heraus, als etwas, das sich immer stärker dem Zugriff menschlicher, technischer, wissenschaftlicher Eingriffe öffnet und zu den besagten neuen Mischwesen führt. Latours etwas überzeichnete Diagnose: Die frühere Sphäre der Notwendigkeit wird immer gestaltbarer, in diesem Sinne freier. Andererseits aber beobachtet er bei der gesellschaftlichen Sphäre der Freiheit nachgerade naturhafte Formen der Notwendigkeit, der Nicht-Änderbarkeit, der strikten Strukturiertheit.

Man muss Latour nicht in allem folgen – und seinem Spätwerk schon gar nicht. Aber seine frühe Umkehrung der Verhältnisse – das Kontingentwerden des vormals Natürlichen und die Stabilität des vormals Gesellschaftlichen im Sinne freier Gestaltbarkeit – ist insofern sehr lehrreich, als es dem Gedanken der *zweiten Natur* eine besondere Variante hinzufügt. Jedenfalls bestätigt sich, dass gesellschaftliche Strukturen, Routinen und Praktiken tatsächlich eine Stabilität haben, die der Selbstbeschreibung einer Gesellschaft widerspricht, die sich gewissermaßen frei programmieren zu können glaubt.

Natürlich (sic!) ist Gesellschaft keine Natur – aber nach dem Gesagten ist dieser Satz selbst schon zu bezweifeln, denn wenn man die Frage nach der Funktion des Naturbegriffs stellt, erscheint Gesellschaft tatsächlich als jenes träge System, das mehr Notwendigkeit als Freiheit enthält, wenn es darum geht, sich zu verändern. Nicht umsonst ist es ein eher aus den Naturwissenschaften stammendes Konzept, das in der Lage ist, die Selbständerung gesellschaftlicher Strukturen und Praktiken plausibel zu beschreiben: die *Evolutionstheorie*.

Es sind eher evolutionäre als disruptive oder revolutionäre Formen, die zu stabilen Veränderungen führen. Wenn man an die erheblichen Veränderungen moderner westlicher Industrieländer in den letzten zwei Generationen denkt, an die Pluralisierung von Lebenswelten und sozialmoralischen Milieus, an veränderte Geschlechterrollen, an sozialen Aufstieg, dann sollte deutlich werden, dass solche Veränderungen tatsächlich durch langsame Variation, Selektion und dann Restabilisierung stattgefunden haben, auch wenn man sich die Geschichte solcher Veränderungen gerne als Geschichte von Disruptionen erzählt.[18] Die Adaption jedenfalls des Evolutionsbegriffs auf die soziokulturelle Entwicklung ist nicht einfach ein Hinweis darauf, die Gesellschaft sei *Natur*, das wäre naiv. Es ist eher ein Hinweis darauf, dass auch Gesellschaften, soziale Ordnung, kulturelle Bedeutungswelten einen Eigensinn haben, eine Form, die sich selbst stabilisiert und die sich selbst nicht vollständig verfügbar ist. Jedenfalls verweist das auf die Funktion des Naturbegriffs, etwas in seinem Eigensinn zu bezeichnen – als Entdeckung zweiter Naturen.

5 Die Rechtfertigung der Natur – Physiodizee

Als letzte Naturszene sei kurz auf eine merkwürdige Inanspruchnahme des Naturkonzepts dort verwiesen, wo es um die Frage der Zweigeschlechtlichkeit geht.[19] Es ist insofern eine frappierende Diskussion, als sich hier konfligierende Seiten auf *Natur* beziehen, um sich zu positionieren. Der Streit lautet vereinfacht: Lässt sich aus der wohl unbezweifelbaren Zweigeschlechtlichkeit in ausschließlicher Hinsicht auf die Fortpflanzungsfunktion darauf schließen, dass die Rede von mehr als zwei Geschlechtern falsch ist?

Zumindest ist es unbestritten, dass die strikte Form der Zweigeschlechtlichkeit, die biologisch begründet wird, einer ethnologischen und kulturgeschichtlichen Betrachtung nicht standhält. Kulturen waren und sind sehr kreativ darin, die unterschiedlichsten Formen geschlechtlicher Zuschreibungen und geschlechtlicher Vielfalt zu ermöglichen.[20] Vor diesem Hintergrund ist die strikte These der Zweigeschlechtlichkeit tatsächlich ein biologisches Konstrukt – und zugleich völlig zutreffend, wenn man es auf die Hinsicht der Fortpflanzungsfunktion bezieht.

In dem zum Teil als Kulturkampf geführten Konflikt fällt aber auf, dass die Gegenseite, also diejenige, die – wie ich meine, mit Recht – den Schluss von der zweigeschlechtlichen Fortpflanzungsfunktion auf die semantische und praktische und nicht zuletzt psychisch und physisch erlebte Form der Geschlechtlichkeit kritisiert, ihrerseits unbedingt auf *Natur* rekurriert, um das eigene Argument stark zu machen. Hätte es nicht gereicht, gewissermaßen in der traditionellen Unterscheidung von Natur und Kultur die reproduktive Anisogamie auf der einen Seite der kulturell möglichen Vielfalt und dem individuellen Erleben auf der anderen als Beobachtungen mit unterschiedlichen Hinsichten gegenüberzustellen? Denn zwischen der reproduktiven Anisogamie und der kulturellen Form der Geschlechtszurechnung/-bezeichnung besteht genau genommen überhaupt kein logischer Widerspruch.

Die Strategie ist aber eine andere. Die eine Seite wird nicht müde, die reproduktive Zweigeschlechtlichkeit als »Natur« auf alles andere aufzurunden; die andere Seite dagegen will ihr eigenes Argument auch als »Natur« ausflaggen können, indem man etwa auf fließende Hormonstati verweist, auf vielfältige Morphologien und auf die Uneindeutigkeit mancher Messparameter. Ich nenne das in Analogie zur Theodizee eine *Physiodizee*. Man muss kein Biologe sein, um zwischen den beiden Seiten *biologisch* keinen Widerspruch zu sehen, denn dass solche Uneindeutigkeiten in der »Natur« vorkommen, ist ebenso unbestritten wie die Logik der zweigeschlechtlichen Fortpflanzungsfunktion. Mein Argument zielt freilich nicht darauf, den beiden Seiten vorzuschlagen, sich anders zu positionieren – und in einem öffentlich ausgetragenen Konflikt sind die Dinge ohnehin viel zu stabil antipodisch, dass fast jeder vermittelnde Satz in den Sog des Konfliktsystems gezogen wird.

Für meinen Zusammenhang ist interessant, wie wirkmächtig das Naturargument ist. *Natura docet* scheint die Anweisung zu sein, die am sichersten sichere Sätze verspricht. Dabei hätte ja schon der Hinweis genügt, dass Biologie – unabhängig davon, in welcher Hinsicht sie beobachtet – selbst nicht *Natur* ist, sondern – ja, was eigentlich? Der schönste Satz zur Natur ist, dass die Unterscheidung von Natur und Kultur eine kulturelle Unterscheidung ist, mithin also asymmetrisch, was die Naturwissenschaften als etwas entlarvt, das sich zwar mit der einen Seite beschäftigt, aber stets aus der Perspektive der anderen. Aber dieser Schluss wäre dann doch sehr wohlfeil nach all den Naturszenen, die zeigen, dass man sich nicht einmal mehr auf die Natur der Natur verlassen kann.

Anmerkungen

1 Vgl. *Wilhelm Windelbandt: Geschichte und Naturwissenschaft*. Straßburg 1904; auch Heinrich Rickert: *Kulturwissenschaft und Naturwissenschaft*. Freiburg 1899.

2 Vgl. Joseph de Maistre: *Von der Souveränität. Ein Anti-Gesellschaftsvertrag*. Berlin 2016, S. 8.

3 Vgl. dazu Beatrice Bondy: *Die reaktionäre Utopie. Das politische Denken von Joseph de Maistre*. Köln 1982.

4 Vgl. dazu aber Art. »Natur« in *Historisches Wörterbuch der Philosophie*. Bd. 6. Basel 1971 ff.

5 Thomas Hobbes: *Leviathan oder Stoff, Form und Gewalt eines kirchlichen und bürgerlichen Staates*. Frankfurt am Main 1984.

6 Ebd., S. 108.

7 Ebd., S. 192.

8 Ebd., S. 134.

9 Ebd.

10 ZHAO Tingyang: *Alles unter dem Himmel. Vergangenheit und Zukunft der Weltordnung*. Berlin 2020, S. 18. Ausführlich dazu vgl. Armin Nassehi: *Unbehagen. Theorie der überforderten Gesellschaft*. München 2021, S. 203 ff.

11 Ebd.

12 Vgl. dazu Stefan Finsterbusch: »Die Entdeckung der Erde«, in: *Frankfurter Allgemeine Zeitung* vom 11.07.2019.

13 Vgl. Jürgen Habermas: »Nicht die Natur verbietet das Klonen. Wir müssen selbst entscheiden. Eine Replik auf Dieter E. Zimmer. Biologie kennt keine Moral«, in: *DIE ZEIT* 09/1998. URL: https://www.zeit.de/1998/09/klonen.txt.19980 219.xml.

14 Vgl. dazu Armin Nassehi: *Gesellschaftliche Grundbegriffe. Ein Glossar der öffentlichen Rede*. München 2023, S. 284 ff.

15 Georg Wilhelm Friedrich Hegel: *Grundlinien der Philosophie des Rechts*. Werke 7. Frankfurt am Main 1970, S. 301.

16 Das besondere Verhältnis zwischen Sittlichkeit und Freiheit bei Hegel lasse ich hier unkommentiert.

17 Bruno Latour: *Wir sind nie modern gewesen. Versuch einer symmetrischen Anthropologie*. Berlin 1995, S. 19.

18 Vgl. dazu in Kürze erscheinend Armin Nassehi: *Kritik der großen Geste. Anders über Transformation nachdenken*. München 2024.

19 Zu den folgenden Gedanken vgl. bereits Armin Nassehi: *Gesellschaftliche Grundbegriffe*. S. 292 ff.

20 Vgl. dazu Susanne Schröter: *FeMale. Über Grenzverläufe zwischen den Geschlechtern*. Frankfurt am Main 2002.

»Wir leben in einer Destroy-Party, in der jeder noch greift, was er kann«

Ein Gespräch mit der Philosophin Eva von Redecker über ihre Kindheit auf dem Bauernhof, warum sie liberaler denkt, als sie kritisiert wird, und wie eine ökologische Revolution aussehen könnte. Zentrale Begriffe: Bleibefreiheit und Regenerationsarbeit

Von Peter Felixberger

»Bleibefreiheit bedeutet, im Bleiben frei zu bleiben, auch frei zu sein, abzureisen und wegzuziehen. Bleibefreiheit setzt Bewegungsfreiheit voraus. Wenn ich aber nur gehetzt werde und keine Rast mehr einlegen kann, nützt mir die Bewegungsfreiheit gar nichts.«

Kursbuch: Sie sind auf einem Bauernhof aufgewachsen. Als Bauerntochter in der ländlichen Abgeschiedenheit?

Eva von Redecker: Den Hof gibt es immer noch. Meine Mutter betreibt ihn heute mit einem Hofladen. Früher waren es 60 Hektar gepachtetes Land in Schleswig-Holstein in Einzellage. Abgeschieden war das in der Tat. Meine Eltern kamen gar nicht aus dem grünen Milieu, sie waren aber von der ökologischen Landwirtschaft überzeugt. Mein Vater hat immer gesagt: »Jeder Hof muss sich auf etwas spezialisieren, um zu überleben. Unsere Spezialisierung ist die Vielfalt.« Wir hatten schlechte Böden zu bewirtschaften, inmitten vieler Kiesgruben. Manche Flächen waren sogar zum Aufforsten zu schlecht. Die Direktvermarktung sehr unterschiedlicher Sonderkulturen war unser Überlebenskonzept. Erdbeeren, Geflügel, Freilandschweine und ein paar Rinder auf der Weide. Inklusive eigenem Futteranbau. Das Ganze stand ständig in einem wirtschaftlichen Überlebenskampf. Ich bin groß geworden mit viel Arbeit, aber auch vielen Einblicken in die landwirtschaftlichen Zusammenhänge.

Kursbuch: Als Kind oder Jugendliche schaut man eher auf die Idylle der Umgebung, oder?

Eva von Redecker: Man findet es ja erst mal normal. Um es idyllisch zu finden, fehlt der Kontrast. Und vielleicht auch ein wenig die Muße. Aber klar, als Grundschulkind habe ich den ganzen Tag draußen gespielt. Und dass man bei vielen Tätigkeiten, im Stall und Verkauf, früh mithelfen kann, bedeutet auch, dass sich einem deren Sinn und sogar der Gesamtzusammenhang erschließt. Zumal bei den gemeinsamen Mahlzeiten alles Betriebsrelevante besprochen wurde.

Kursbuch: Dennoch war es eine vertraute ökologische Umwelt. Heute beschäftigen Sie sich sehr stark mit dem Verlust dieser Umwelt. Der australische Naturphilosoph Glen Albrecht hat dafür den Begriff der

»Solastalgie« geprägt. Übersetzt bedeutet er: Leiden an der Trostlosigkeit. Die Welt, die Natur, wie wir sie kennen, stirbt. Daran verzweifeln wir. Andererseits steigen die Flugzahlen, werden noch mehr Böden versiegelt, wird noch mehr Müll produziert. Überbordendes Wachstum. Die Freiheit an Mobilität und Verschwendung steigt drastisch. Alle wollen an die Wohlstandstöpfe, um mehr Freiheit zu erlangen. Die Gleichzeitigkeit von Verzweiflung und Trauer sowie Entfesselung und Egoismus hypnotisiert uns. Wir kommen nicht mehr zur Lösung in einer Zeit, in der jede Lösung schon wieder das nächste Problem bedeuten kann.

Eva von Redecker: Ihre Frage spiegelt vielleicht schon zu sehr eine Beobachterposition, aus der heraus diese Gleichzeitigkeit überhaupt nur auszumachen ist. Trauer und Egoismus sind beides Begriffe, die mir zu unmaterialistisch sind. Sie sind Anschauungskategorien, die vor den Wirkkräften der ökologischen Krise haltmachen. Erst mal zur Trauer: Nicht jede Veränderung ist ein Verlust oder eine Beraubung. Worum es im Klimawandel geht, ist ein Wegbrechen der Regenerationsfähigkeit der Lebensgrundlagen, was wiederum eine bestimmte Form von Reparatur unmöglich macht. Eher als zu trauern frage ich mich, welche Art der Bearbeitung diese Böden konkret reparieren könnte. Wir stehen mit der Natur in einem Stoffwechsel, der stark von Ausbeutung geprägt ist. Die Natur selbst ist aber ein Stoffwechsel, der regenerativ operiert. Das Glück, in einem rationalen, sinnvollen Stoffwechsel zu stehen, ist eine größere Verheißung als die gewahrte Intaktheit der Natur, die man irgendwie weiter »von außen« betrachtet. Der Egoismus wiederum betont die subjektive, individuelle Seite zu sehr. Er wäre gar nicht das Problem, wenn ihm nicht sehr spezifische Objektbezüge und Befriedigungen permanent angedient würden. Es ist auf eine Art spektakulär, welcher Grad an Dauerwerbung und Ressentimentschürung inzwischen nötig ist, um überhaupt noch die Absatzmärkte zu schaffen, die das letzte bisschen Wirtschaftswachstum brauchen. Die Habsucht des Einzelnen ist hier kein großer

Faktor. Die Entfesselung von Produktivität und Mobilität unter dem Profitmotiv gibt die Struktur vor. Andreas Folkers schreibt über die fossile Moderne, dass ihre Dynamik durch Beschleunigung stabilisiert wird, die Überhitzung produziert. Wenn der Antrieb fossil ist, erzeugt er Treibhausgase und Erderwärmung. Diese Logik selbst als einengend zu verstehen ist für mich wichtig.

Kursbuch: Im publizistischen Zeitgespräch werden weiter sehr einfache Dichotomien erzeugt, um Orientierung zu schaffen. In der Umweltdebatte finden wir sie seit den 1970er-Jahren. Der Sozialphilosoph Erich Fromm sprach bereits vor über 40 Jahren von der Schicksalsfrage: Haben oder Sein. Ein Aufruf, sich konkret zu entscheiden oder entscheiden zu müssen. Umgedeutet würde es bedeuten: Jede Wachstumsidee führt irgendwann an die Grenze der Belastbarkeit. Warum können wir uns von diesem Entweder-oder so schwer lösen?

Eva von Redecker: Ich glaube nicht, dass für jeden Gegenstandsbereich das Sowohl-als-auch die aufgeklärteste Perspektive ist. Wir müssen uns aus dem Rahmen lösen, der diese Alternativen als einzige Möglichkeiten diktiert. Fromm steht in einer langen Tradition der Entfremdungskritik. Schon der junge Marx kritisierte das »Haben« auf eine Weise, die gar nicht asketisch, sondern im Gegenteil luststeigernd war. In der gegenwärtigen Debatte ist mir daher wichtig, sich nicht in den liberalen Korridor schieben zu lassen, der dem Furor der totalen Entfesselung nur den bürgerlichen Rücksichtnahmediskurs entgegenzusetzen weiß. Wir sollten eine Zukunft der Fülle jenseits dieses verrückten, destruktiven Ressourcenverbrauchs anstreben.

Kursbuch: Sie entwerfen dafür ein Gegenmodell: Um die Freiheit mit dem Leben zu verknüpfen, muss man sie zeitlich denken. Im Verbleiben an einem Ort wird uns unverhofft Zeit geschenkt. Wir müssen nicht reisen, konsumieren, verschwenden, Natur zerstören. Stillstand, Rückzug als Lebensform. Der von Ihnen entwickelte Abbiegebegriff der Bleibefreiheit braucht das spontane Hier und Jetzt. Und er braucht die politische Garantie des Sich-selbst-verwirklichen-Könnens im eigenen Leben. Im Verfolgen der eigenen Selbstentfaltungslinie. Ressourcenverschwendend und demokratisch geschützt. Verknüpft mit der Freiheit, immer wieder neu beginnen, Zeit für Neuanfänge haben zu können. Im Moment findet die Freiheit ihre Erfüllung. Klingt das nicht sehr liberal?

Eva von Redecker: Durchaus, für mich können Teile der liberalen Moderne gewahrt bleiben. Eigentlich ist mein Buch skandalös individualistisch. Ich bin nämlich davon überzeugt, dass wir zu einem ökologischen und sozialen Freiheitsverständnis nur dann kommen, wenn man die individuelle Freiheit schon im ersten Schritt anders denkt. Anstelle der immer schon latent eigentumsförmigen Freiheit von äußerem Zwang beginne ich mit der Idee der ungezwungenen Zeit. Das Freiheitsversprechen für den Einzelnen sollte also keineswegs aufgegeben werden. Die von Ihnen angesprochene Selbstverwirklichung und die Neuanfangschancen werden aktuell systematisch durch die Prinzipien der Konkurrenz untergraben. Also mit der Vorstellung, sich ständig mit anderen messen und sie überbieten zu müssen. Die Konzeption des Bleibens stellt sich bewusst gegen das Besser-trainiert-Sein im Woanders. Der Test besteht darin, ob meine Umgebung mir überhaupt erlaubt, ein sicheres und würdiges Leben zu führen. Das heißt natürlich nicht, dass es keine Entwicklung oder kein Wachstum mehr geben darf. Die Bleibefreiheit ist radikaler und präsentistischer, weil sie es mit den derzeit sehr geschrumpften Zukunftshorizonten aufnehmen muss. Wir erleben ein Zerbrechen der Freiheiten mit dem Run auf die letzten Reserven. Man kann gar nicht genug betonen, wie weit wir mittlerweile vom kapitalistischen Leistungsbegriff entfernt sind. Opfer für eine Zukunft zu bringen, die einem später die Mühen entlohnen wird, ist nicht mehr die charakteristische Haltung. Im Gegenteil: Wir leben in einer Destroy-Party, in der jeder noch greift, was er kann. Gegen diese Habsuchtsfreiheit versuche ich ein anderes Modell vorzuschlagen. Auch ohne überhitzte Mobilität können Glücksversprechen eingelöst werden. Bleibefreiheit bedeutet, im Bleiben frei zu bleiben, auch frei zu sein, abzureisen und wegzuziehen. Bleibefreiheit setzt Bewegungsfreiheit voraus. Wenn ich aber nur gehetzt werde und keine Rast mehr einlegen kann, nützt mir die Bewegungsfreiheit gar nichts. Angesichts des erdgeschichtlichen Moments, den wir gerade passiert haben, den Übergang in ein Anthropozän, in dem die bewohnbaren Zonen auf der Erde schrumpfen, scheint mir die Bleibefreiheit ein größeres Versprechen zu enthalten als die Option, überall hinzukönnen.

Kursbuch: Gleichzeitig schlittert die Moderne in immer mehr Widersprüche und Paradoxien. Etwa das Optimierungsdilemma. Dessen Sinnstiftungsmantra lautet: Jeder optimiert sich und alles wird optimiert. Das Problem ist: Man kommt nie am Optimum an. Es gibt immer nur den Weg dorthin. Das Ziel des Perfekten wird nie erreicht. Wie geht das Prinzip der Bleibefreiheit damit um?

Eva von Redecker: Ich würde das eher Perfektibilität nennen. Dahinter steckt die Vorstellung, dass Befreiung ein immer ausweitbarer Prozess ist. Es erscheint mir richtig, Emanzipation als unabschließbar zu denken in dem Sinne, dass wir uns gegenseitig und miteinander immer weiter befreien können. Der Optimierungszwang, wenn Sie das überhaupt so nennen wollen, obliegt dann aber nicht dem Einzelnen, sondern ist eine gesamtgesellschaftliche Herausforderung. Für mich ist klar: Wir verlassen das Holozän, wir bleiben sterblich und endlich. Vor uns liegt die Aufgabe der Reparatur und des Katastrophenschutzes in einer immer unberechenbarer werdenden Natur, wofür wir uns überhaupt erst mal aus der Irrsinnsspirale destruktiver Lohnarbeit lösen müssen. Der Sinn der ökologisch gedachten Freiheit besteht darin, sagen zu können, dass nicht nur ein Fahrverbot einschränkend ist, sondern auch Überschwemmungen und Naturkatastrophen zur Freiheitsberaubung beitragen.

Kursbuch: Bedarf es nicht dieser ökologischen Katastrophe, um in die Bleibefreiheit zu kommen?

Eva von Redecker: Leider haben wir da keine Laborbedingungen, um die Gegenprobe anzustellen. Es fehlt uns die zweite Welt, in der wir das Gegenteil austesten können. Und tatsächlich scheint es mir suspekt, so etwas wie eine ökologische Variante der Verelendungstheorie aufzustellen. Ich glaube nicht, dass es umso besser wird, je schlimmer es ist.

Kursbuch: Entgrenzung und Kontrolle sind der Widerspruch des Kapitalismus. Der Markt darf so lange ungezügelt sein, bis er eingegrenzt, kontrolliert und gelenkt werden muss. Selbstlenken und Gelenktwerden ist das Ökonomieparadoxon. Die Moderne hält es aus, weil sie den Sozialstaat und die Fürsorge als Medizin für die soziale Ungleichheit einsetzt. Das nennen wir Gerechtigkeit, die perspektivisch unterschiedlich codiert und überhaupt nicht eindeutig sein kann.

Eva von Redecker: Um es gerecht zu nennen, müsste es sich allerdings als wirksam erweisen gegen die faktische soziale Ungleichheit, die sowohl national als auch international wächst. Die Errungenschaft gleichen Zugangs zu Gesundheits- und Sozialsystemen wird zusehends unterhöhlt. Diese Systeme selbst werden privatisiert oder zumindest nach marktwirtschaftlichen Logiken umstrukturiert. Sie sind überlastet und oft nur unter größten logistischen oder bürokratischen Anstrengungen in Anspruch zu nehmen. Versuchen Sie mal, auf dem Land einen Facharzttermin zu kriegen und da dann womöglich noch mit dem Nahverkehr hinzuwollen. Eine Balance von Laissez-faire und Eingrenzung stellt sich »den Markt« oft als idealisiertes Kräftespiel vor und nicht als die Art von finanzialisierter, monopoldurchsetzter Plattformwirtschaft, in der sich gegenwärtig der Reichtum konzentriert. Insofern würde ich eher dafür plädieren, bestimmte

Bereiche dem Markt zu entziehen und in der Daseinsvorsorge bedingungslosen egalitären Zugang zu schaffen.

Kursbuch: Natur und Markt sind die größten Anpassungs- und Innovationsmaschinen, die wir kennen. Über Veränderung und Variation wird Entwicklung vorangebracht. Wenn man eine Handvoll Erde in die Hand nimmt, befinden sich darin mehr Lebewesen, als es Menschen auf der Erde gibt. Sie verwenden in diesem Zusammenhang den Begriff der Regenerationsarbeit. Erde ist in dieser Denkfigur das Ergebnis unzähliger Regenerationszyklen. Wie meinen Sie das genau?

Eva von Redecker: Das ist wirklich eines meiner Kernanliegen. Wir brauchen einen Begriff der Eigenarbeit der Natur, um ihre Emanzipation denken zu können. Für ein proletarisches Subjekt der Revolution galt die Produktionsarbeit als Grundlage der Selbstbefreiung. Der materialistische Feminismus propagiert zu Recht die Care-Revolution, also die Idee, dass eher in bedürfnisorientierten Tätigkeiten der Übergang zur besseren Zukunft zu finden sei. Auch die Natur stellt Leben wieder her, aber ihre Wirksamkeit ist keine Reproduktions- oder Sorgearbeit, wie sie Menschen leisten. Und somit auch nicht speziell auf den Fortbestand des menschlichen Lebens gerichtet. Natürliche Arbeit ist auf die Selbsterhaltung komplexer, evolutionär gewachsener biosystemischer Zusammenhänge ausgerichtet. Also auf ein Regenerationsgleichgewicht. Natur verstanden als Subjekt dieser Arbeit ist nicht verdinglicht zu zählbaren Ressourcen, sondern ein Ineinandergreifen unzähliger Stoffwechselzyklen. Leben ist die Transformation von Stoff in Gezeiten, wie ich solche Zyklen nenne. Dabei entsteht kein toxischer oder überflüssiger Abfall, wie wir ihn industriell produzieren. Am Boden kann man das besonders gut begreifbar machen. Fruchtbare Erde gleicht einem Wespennest eher als einem Haufen Kies. Es ist das Ergebnis der Ausscheidungen von Milliarden von Mikroben, Pilzen, Insekten, die im Sinne einer permanenten Regeneration zusammenarbeiten. Dem müssen wir unsere Produktions- und Reproduktionsarbeit vielerorts anpassen. Die ökologische Revolution bestünde darin, die Regenerationsarbeit der Natur in die menschliche Reproduktionsarbeit hinein zu verlängern, anstatt sie in der kapitalistischen Produktionsarbeit zu vernutzen.

Das Gespräch fand am 22. April 2024 per Zoom statt.

Weiterführende Literatur

Eva von Redecker: *Bleibefreiheit*. Frankfurt am Main 2023.

Wendy S. Parker

Die Natur im Computer

Können wir aus Simulationen etwas über die Welt lernen?

Computersimulationen sind in der heutigen Forschung allgegenwärtig. Sie werden in so unterschiedlichen Bereichen wie der Chemie, der Hydrologie und der Soziologie eingesetzt. Dabei wird ein Computer genutzt, um iterativ eine Reihe von Modellgleichungen zu lösen, die normalerweise mindestens zum Teil auf wissenschaftlichen Theorien beruhen. Ausgehend von bestimmten Anfangsbedingungen berechnet der Computer so die aufeinanderfolgenden Zustände des modellierten Systems, wobei er in kleinen Zeitschritten voranschreitet. Das Ergebnis ist eine Repräsentation der Entwicklung des modellierten Systems im Laufe der Zeit – eine Simulation.

Simulationen sind heute zentrale Erkenntniswerkzeuge. Insofern werden sie nicht nur für Grundlagenforschung, sondern auch für das Verständnis vieler gesellschaftlich relevanter Fragestellungen eingesetzt. Sie liefern grundlegende Informationen für Politik und Entscheidungsprozesse – besonders deutlich wurde das während der Pandemie, als Prognosen epidemiologischer Modelle und Simulationen die Entscheidungen über Lockdowns, Schulschließungen und anderes beeinflussten und auf diese Weise den Alltag von Menschen weltweit prägten. Es ist wichtig, sich die Fragen zu stellen:

Wie können wir durch Computersimulationen etwas über die Natur lernen?

Wie können Kosmologen aus einer Simulation etwas über die Frühphase des Universums herausfinden?

Wie kann eine Simulation Hinweise auf neue wirksame Antibiotika liefern?

Wie können wir Simulationen nutzen, um den Klimawandel zu verstehen und der Klimapolitik die nötigen Informationen zu liefern?

Eine mögliche Antwort – die einfacher klingt, als sie tatsächlich ist – lautet: indem wir sicherstellen, dass unsere Simulationen die Bereiche der Natur, über die wir etwas lernen wollen, genau genug abbilden, und indem wir dann diese Modelle mit der nötigen Umsicht untersuchen. Aber was bedeutet der Anspruch, die Natur »genau genug« abzubilden? Wie können Wissenschaftler feststellen, ob ihre Modelle die hierfür nötige Genauigkeit besitzen? Und gibt es Grenzen für das, was man durch Simulationen über die Natur lernen kann? Über die Antworten auf diese Fragen diskutieren und debattieren Wissenschaftsphilosophen nach wie vor intensiv.

In diesen Diskussionen wird implizit davon ausgegangen, dass die Ergebnisse von Computersimulationen zumindest manchmal *Evidenz* für Behauptungen über die Natur liefern. Aber stimmt das? Sicherlich scheinen sie oft als solche Evidenz genutzt zu werden. Das bekannteste Beispiel ist die Meteorologie, wo die Simulationsergebnisse von Modellen zur Wettervorhersage täglich als Evidenz für das Wetter von morgen gelten. Das heißt: Meteorologen – genau wie die Öffentlichkeit – revidieren ihre Annahmen über das morgige Wetter vor dem Hintergrund dieser Simulationsergebnisse. Doch wie schon erwähnt, macht eine Computersimulation nichts anderes, als die Folgerungen aus einer Reihe von Modellannahmen zu berechnen – im Grunde so, wie wenn wir aus einer wissenschaftlichen Theorie Ergebnisse »von Hand« ableiten. So gesehen scheinen Simulationsergebnisse eher Vorhersagen zu sein als echte Evidenz; und damit etwas, *für das* wir Evidenz suchen sollten, indem wir die Natur selbst beobachten.

Gleichzeitig erscheint es auch nicht so, als könnten wir wirklich neues Wissen anhand von Simulationen generieren. Im besten Fall offenbart eine Computersimulation Informationen, die bereits in den Modellgleichungen »enthalten« waren. Insofern lautet die gängige Meinung, dass Simulationen uns methodisch die Implikationen bereits existierenden Wissens aufzeigen können, dass sie aber nicht Quelle vollständig neuer Erkenntnisse über die Natur sein können. Dies wirft wiederum die Frage auf, warum Computersimulation in vielen wissenschaftlichen Feldern eine so grundlegend umwälzende Methodik darstellt, auf deren Grundlage dramatische Fortschritte im Verständnis der Natur möglich werden.

Ich werde im Folgenden versuchen, dieses Rätsel aufzulösen. Mein Vorschlag ist, dass die Ergebnisse von Computersimulationen tatsächlich Evidenz für Behauptungen über die Natur liefern können. Allerdings stellen sie eine andere Art von Evidenz dar als diejenige, die aus traditionellen Experimenten und Beobachtungen gewonnen wird. Darüber hinaus möchte ich dafür argumentieren, dass es möglich ist, durch Simulationen neues Wissen über die Natur zu erlangen. Dafür müssen wir aber Wissen als etwas verstehen, das von Menschen besessen wird (oder auch nicht), anstatt dass wir das Wissen als etwas Abstraktes, von Menschen Losgelöstes betrachten. Das alles ist allerdings nur ein Teil der Erklärung für die dramatischen Fortschritte im Verständnis der Natur, die Simulationen in vielen wissenschaftlichen Bereichen hervorgebracht haben.

Wenn Simulationen Evidenz liefern

Bevor wir feststellen können, inwiefern wir aus Simulationen etwas über die Natur lernen können – oder technisch ausgedrückt: ob Simulationen Evidenz für Behauptungen über die Natur liefern können –, müssen wir zuerst eine Vorstellung haben, was wir uns unter Evidenz überhaupt vorzustellen haben. In der Erkenntnistheorie und der Wissenschaftsphilosophie gibt es zahlreiche verschiedene Ansätze dafür, was Evidenz ist – nicht alle können hier aufgeführt werden. Zwei recht unterschiedliche Konzepte will ich aber skizzieren:

Der erste Ansatz ist anspruchsvoll. Es besagt: Eine Tatsache (also ein wahrer Satz) *e* ist genau dann Evidenz für eine Behauptung, wenn *e* ein gutes Indiz für die Wahrheit dieser Behauptung ist. Wann aber ist das der Fall? Genau dann, wenn *e* wahrscheinlich der Fall wäre, wenn die Behauptung wahr ist, und wenn andersherum das Auftreten von *e* unwahrscheinlich wäre, sofern die Behauptung falsch ist.

Wir kennen Beispiele aus dem Alltag: Die Tatsache, dass eine Person eine bestimmte Kombination ungewöhnlicher medizinischer Symptome aufweist, ist genau dann Evidenz dafür, dass die Person an einer seltenen Krankheit leitet, wenn die Symptome mit hoher Wahrscheinlichkeit nur dann auftreten, wenn diese Krankheit vorliegt – und es unwahrscheinlich ist, dass die Symptome aus anderen Gründen auftreten. Ob etwas als Evidenz gelten kann, hängt nach dieser Auffassung nicht davon ab, was irgendjemand glaubt. Die Symptome sind auch dann Evidenz für das Vorhandensein der seltenen Krankheit, selbst wenn niemand sie jemals entdeckt.

Das wäre anders im zweiten Ansatz, der Bayes'schen Standardauffassung. Hier ist die Evidenz e relativ zu einer bestimmten Person definiert: *e* ist genau dann für eine Person Evidenz für eine Hypothese, wenn die Kenntnis von *e* zusammen mit dem Hintergrundwissen der Person bewirkt, dass der Grad ihres rationalen Glaubens in die Hypothese wächst. Ob dieser Grad zunimmt oder abnimmt, wenn sie *e* erfährt, wird durch die Anwendung des Bayes'schen Theorems bestimmt (die Details sparen wir uns hier). Nach der Bayes'schen Auffassung ist die oben erwähnte Konstellation medizinischer Symptome nur Evidenz für das Vorliegen der seltenen Krankheit für einen Arzt, der weiß, dass diese Symptome für die Krankheit charakteristisch sind. Für einen Arzt, der das nicht weiß, wäre es keine. Auch der Evidenzstandard ist in der Bayes'schen Sichtweise schwächer: Selbst wenn die Information, dass meine Freundin Halsschmerzen hat, mich rational nur ein kleines bisschen mehr davon überzeugt, dass sie im Begriff ist, an Grippe zu erkranken (schließlich weiß ich, dass Halsschmerzen auch aus vielen anderen Gründen auftreten können), kann es trotzdem Evidenz für diese Hypothese darstellen.

Nach jeder der beiden dargestellten Ansätze zum Verständnis von Evidenz – und vielen anderen – können Ergebnisse von Computersimulationen im Prinzip als Evidenz für Behauptungen über die Natur gelten. Kommen wir zurück zum anfänglichen Beispiel der Wettervorhersage. Wenn ein System von Computersimulationen zuverlässig die Höchsttemperaturen des nächsten Tages mit einer Genauigkeit von ein paar Grad Celsius vorhersagt, dann kann die Vorhersage des Systems von 20 °C für morgen gemäß der ersten dargestellten Sichtweise (Evidenz als gutes Indiz) als Evidenz für die Behauptung gelten, dass es morgen etwa 20 °C warm sein wird. Genauso wird die Vorhersage des Systems von Simulationen auch Bayes'sche Evidenz für einen Meteorologen oder ein Mitglied der Öffentlichkeit für die Behauptung über die morgige Temperatur darstellen, sofern er oder sie die Zuverlässigkeit des Systems einschätzen kann.

Aber wie sieht es mit der Gegenposition aus, die oben angesprochen wurde? Ergebnisse aus Computersimulationen scheinen – genau wie Ergebnisse, die aus einer Theorie per Hand abgeleitet wurden – eher Vorhersagen als Evidenz zu ähneln. Normalerweise betrachten wir Resultate, die logisch oder mathematisch aus einer Theorie abgeleitet wurden, nicht als Evidenz für Behauptungen über die Natur; vielmehr sind sie selbst Behauptungen über die Natur, für die wir Evidenz sammeln können, indem wir die Natur beobachten. Ergebnisse, die wir mathematisch aus einer Theorie oder aus Modellannahmen ableiten, scheinen eine falsche Form von dem zu sein, was wir »Evidenz« nennen.

Wir können dieses Rätsel auflösen, indem wir zwischen Evidenz erster Ordnung und Evidenz höherer Ordnung unterscheiden. Evidenz erster Ordnung ist, grob gesagt, Evidenz, die sich direkt auf eine Behauptung bezieht. Die Tatsache, dass die Äste des Baumes draußen sich in bestimmter Weise bewegen, ist Evidenz erster Ordnung dafür, dass es draußen windig ist. Die Tatsache, dass viele Gletscher schnell schmelzen, ist Evidenz erster Ordnung dafür, dass sich das Klima erwärmt. Evidenz höherer Ordnung dagegen ist Evidenz für Evidenz erster Ordnung – für ihre Qualität oder für ihre Existenz. Die Aussage eines zuverlässigen Pathologen, dass ein Tumor gutartig ist, ist keine Evidenz erster Ordnung dafür, dass er gutartig ist. Aber sie ist Evidenz dafür, dass es solche Evidenz erster Ordnung gibt: zum Beispiel anhand der Merkmale einer Gewebeprobe, die dem Tumor entnommen wurde, die der Pathologe untersucht hat und die er zu interpretieren weiß. Das Zeugnis des Pathologen ist Evidenz höherer Ordnung für die Behauptung, dass der Tumor gutartig ist.

In ähnlicher Weise kann eine Wettervorhersage eines zuverlässigen Systems von Computersimulationen Evidenz höherer Ordnung für die Behauptung sein, dass es morgen in unserem Ort etwa 20 °C warm sein wird. Das Simulationsergebnis ist Evidenz dafür, dass es irgendwo in den globalen oder regionalen Beobachtungen der heutigen Wetterbedingungen, die in die Anfangsbedingungen der Simulation eingegangen sind, Evidenz erster Ordnung gibt, dass es morgen etwa 20 °C warm sein wird. Der Patient weiß vielleicht nicht, was die Evidenz erster Ordnung für die Gutartigkeit seines Tumors ist, aber dennoch erhält er Evidenz dafür aus der Aussage des Pathologen. Und genauso weiß der Meteorologe (oder die Öffentlichkeit) vermutlich nicht, welche der Millionen von Beobachtungsdaten des heutigen Wetters Evidenz erster Ordnung für die Aussage darstellt, dass es morgen 20 °C warm sein wird, und trotzdem nimmt er die Computervorhersage als Evidenz für diese Behauptung.

Letztlich hilft uns das System von Wettermodellen bei der Interpretation gesammelter Evidenzen erster Ordnung (der heutigen Wetterbeobachtungen). Indem die Folgerungen aus den verfügbaren Informationen über das heutige Wetter berechnet werden – unter Verwendung theoretischer Gleichungen, die beschreiben, wie sich Wetterbedingungen innerhalb kurzer Zeiträume ändern –, zeigt uns die Simulation, dass die heutigen Beobachtungen Evidenz dafür sind, dass es morgen 20 °C warm wird, während wir das vorher nicht wussten.

Natürlich funktionieren nicht alle Simulationen wie die Wettervorhersage, wo Beobachtungen der Natur direkt in die Anfangsbedingungen der Simulation eingehen. Viele Simulationen starten vielmehr von hypothetischen Anfangsbedingungen. Doch häufig spielen Beobachtungen der Natur eine wichtige Rolle dafür, die in den Simulationen genutzten Gleichungen zu rechtfertigen. Ein gutes Beispiel ist die Simulation des Systems Sonne-Erde-Mond gemäß der Newton'schen Mechanik. Die entsprechenden Gleichungen stützen sich auf eine Vielzahl vergangener Beobachtungen, die belegen, dass die Newton'sche Physik auf dieses System tatsächlich erfolgreich angewendet werden kann.

In solchen Fällen kann eine Simulation Evidenz höherer Ordnung für eine Hypothese über die Natur liefern, wie zum Beispiel: Wenn das System Sonne-Erde-Mond sich in einem postulierten Anfangszustand befände, dann gäbe es zu diesem oder jenem späteren Datum eine totale Sonnenfinsternis. Auch hier wieder: Die Computersimulation hilft uns bei der Interpretation oder beim Erkennen der Implikationen einer vorhandenen Menge von Evidenzen erster Ordnung. In dem Maße, in dem es Evidenz erster Ordnung dafür gibt, dass sich das reale Sonne-Erde-Mond-System (ungefähr) in Übereinstimmung mit den Newton'schen Modellgleichungen verhält, gibt es Evidenz für die hypothetische Behauptung über das Auftreten der Sonnenfinsternis – auch wenn wir das aus den bloßen Gleichungen nicht ablesen können.

Zusammenfassend lässt sich unter Verwendung verschiedener Ansätze für das Konzept der Evidenz sagen, dass Simulationsergebnisse Evidenz für Behauptungen über die Natur liefern können. Aber während Daten aus Beobachtungen und traditionellen Experimenten für solche Behauptungen oft Evidenz erster Ordnung liefern, sind Ergebnisse von Computersimulationen bestenfalls Evidenz höherer Ordnung; sie liefern Evidenz, dass es Evidenz erster Ordnung für bestimmte Behauptungen über die Natur gibt.

Neues Wissen aus Simulationen

Die Ansätze für das Verständnis des Wissensbegriffs sind mindestens so zahlreich wie diejenigen der Evidenz. Zu den einfachen Analysen zählen etwa: Wissen als gerechtfertigte und wahre Überzeugung, Wissen als gerechtfertigter Glaube (Grad der Überzeugung) oberhalb eines gewissen Schwellenwertes und Wissen als wahre Überzeugung, die durch einen genügend zuverlässigen Prozess hervorgerufen wurde. Was im Kontext der aktuellen Diskussion interessant ist, ist, ob Wissenschaftler *neues Wissen* aus Computersimulationen erwerben können, welchen Wissensbegriff man auch immer zugrunde legt.

Es ist wichtig, zwei Arten von neuem Wissen zu unterscheiden. Nehmen wir an, eine Person erhält Evidenz e und lernt infolgedessen etwas – nennen wir es h – über die Natur. Dieses Wissen in Bezug auf h ist für die Person *genuin neu*, wenn h für sie nicht bereits als Wissen zählte, bevor sie Zugriff auf diese Evidenz bekam. Vielleicht war ihr rationaler Glaube an h zu gering, um als Wissen zu gelten, bevor sie e erfuhr, aber danach wurde eine gewisse Schwelle überschritten, sodass aus dem vagen Glauben nun ein Wissen von h werden konnte. Um die vorliegende Analyse zu vereinfachen, nehmen wir an, dass h bereits als Wissen einer Person gelten kann, wenn h logisch oder mathematisch in dem enthalten ist, was die Person bereits weiß.

Selbst wenn bestimmtes Wissen über h nicht genuin neu ist, könnte es trotzdem noch *psychologisch neu* sein – das wäre die zweite Art neuen Wissens. Da Menschen unvollkommene Denker mit begrenztem Gedächtnis sind, kann es vorkommen, dass eine Person nicht erkennt, dass ihr existierendes Wissen bereits h enthält (oder einen genügend hohen Grad von Glauben in h rechtfertigt, um als Wissen zu gelten, etc.). Wenn in dieser Situation die Person nach dem Erhalt neuer Evidenz schlussfolgert, dass nun gewisse Standards erfüllt sind, damit h als Wissen gelten kann und h somit zu neuem Wissen wird, dann wird dieses Wissen nicht genuin neu sein, sondern nur psychologisch neu.

Es ist möglich, beide Arten neuen Wissens anhand von Computersimulationen zu gewinnen. Wenn ein Laie erfährt, dass mehrere sehr zuverlässige Wettervorhersagesysteme h vorhersagen (zum Beispiel, dass es an seinem Wohnort morgen deutlich wärmer sein wird), könnte es für ihn ausreichen, um h als Wissen zu erwerben, und dieses Wissen mag für ihn genuin neu sein. Selbst ein Meteorologe mag auf diese Weise genuin neues Wissen von h erwerben, sofern sie mit den Beobachtungen der heutigen Wetterbedingungen nicht vertraut ist, die Evidenz erster Ordnung für h darstellen. Auch hier ist die Situation analog zu derjenigen, wenn eine Patientin angesichts der Aussage des Pathologen das Wissen erlangt, dass ihr Tumor gutartig ist. Sie kann auf diese Weise genuin neues Wissen erwerben, und tatsächlich könnte dies auch ein weiterer Arzt, der die Evidenz erster Ordnung bezüglich des Tumors nicht selbst untersucht hat.

In anderen Fällen ist das durch Computersimulationen gewonnene Wissen über die Natur lediglich psychologisch neu. Nehmen wir eine Astronomin, die selbst das oben erwähnte Newton'sche Simulationsmodell des Sonne-Erde-Mond-Systems erstellt und diese Gleichungen wählt, weil sie weiß, dass sie in angemessener Weise die in diesem System relevanten Kräfte beschreiben kann. Womöglich erfährt sie durch ihre Simulation, dass, wenn sich das Sonne-Erde-Mond-System in einem bestimmten Anfangszustand befände, später zu einem bestimmten Zeitpunkt eine totale Sonnenfinsternis eintreten würde. Aber dieses Wissen wird lediglich psychologisch neu für sie sein, denn die hypothetische Behauptung war bereits in ihrem vorhandenen Wissen über das Sonne-Erde-Mond-System enthalten. Die Simulation diente hier lediglich dazu, ihr begrenztes (menschliches) mathematisches Denkvermögen zu erweitern; sie half ihr, sich der Implikationen ihres existierenden Wissens bewusst zu werden.

Es mag verlockend sein, anzunehmen, dass die meisten Erkenntnisse über die Natur, die durch Computersimulationen gewonnen werden, lediglich psychologisch neu sind. Bei näherer Betrachtung ist das allerdings nicht so eindeutig. Viele Computersimulationsmodelle werden in der Forschung nicht von einer einzelnen Person entwickelt, sondern durch ein Team von Wissenschaftlern, in einigen Fällen über viele Jahre oder gar Jahrzehnte hinweg, wenn das Modell in mehreren Versionen weiterentwickelt und verbessert wird.

Klimamodelle sind ein hervorragendes Beispiel. Solche Modelle können hochgradig komplex sein, wobei Teammitglieder, die an einem Teil des Modells arbeiten, manche Details aus anderen Teilen des Modells nicht kennen. Tatsächlich mag ihnen ein großer Teil des Detailwissens, das in die Entwicklung dieser anderen Teile eingeflossen ist, selbst fehlen. In solchen Situationen ist es plausibel, dass die meisten oder sogar alle Teammitglieder durch ihre Simulation genuin neues Wissen h erlangen können, denn keiner von ihnen wusste vorher individuell genügend, als dass h für ihn als Wissen hätte gelten können. Und offensichtlich gilt das Gleiche für andere Wissenschaftler und Laien, die noch weniger über das modellierte System wussten.

Wert und Grenzen der Simulation

In den obigen Beispielen wurde davon ausgegangen, dass Simulationssysteme im jeweiligen Anwendungsbereich sehr zuverlässig sind und die Wissenschaftler sich dieser Zuverlässigkeit bewusst sind. Unter dieser Annahme haben wir gesehen, dass es prinzipiell möglich ist, durch Computersimulationen Evidenz oder Wissen über die Natur zu gewinnen.

In der Praxis ist die Zuverlässigkeit von Simulationssystemen jedoch oft sehr unsicher. Häufig wird die Methode der Computersimulation gerade deshalb angewandt, weil das modellierte System relativ unzugänglich ist – wünschenswerte Experimente können an ihm nicht durchgeführt werden, Beobachtungen seines Verhaltens sind limitiert und so weiter. Entsprechend kann das Verständnis des modellierten Systems sehr eingeschränkt sein, und es gibt nur relativ begrenzte Möglichkeiten, das Simulationsmodell anhand von Beobachtungsdaten zu testen. Darüber hinaus ist es in einigen Fällen schon von vornherein klar, dass ein Simulationssystem nicht sehr zuverlässig ist, auch wenn es oft Dinge annähernd richtig wiedergibt oder einigermaßen plausible Ergebnisse liefert. Entsprechend ist in der Praxis oft unsicher, in welchem Maße die Ergebnisse von Computersimulationen für bestimmte Aussagen über die Natur Evidenz darstellen.

Aber warum haben sich Computersimulationen als eine so transformative Methode für viele verschiedene Wissenschaften erwiesen?

Erstens verfügten Wissenschaftler in einigen Feldern bereits in der Zeit vor dem Computer über eine fundierte Theorie, konnten sie damals aber nicht anwenden, weil die theoretischen Gleichungen nicht analytisch – ohne Hilfe des Computers – gelöst werden konnten. Das war zum Beispiel in der Meteorologie der Fall. Die Fähigkeit, die Lösungen der Gleichungen der Fluiddynamik mit numerischen Methoden zu lösen – und dabei die Entwicklung der Wetterbedingungen zu simulieren –, hat die Wettervorhersage, wie wir sie kennen, möglich gemacht, so wie auch andere Anwendungen der Theorie. Vor allem waren die Wissenschaftler in der Lage, im Detail das Innenleben simulierter Wetterphänomene (wie außertropische Zyklone, Hurrikane und schwere Gewitter) zu untersuchen, um zu plausiblen Hypothesen über die komplexe Funktionsweise ihrer realen Vorbilder zu gelangen. Diese explanatorischen Hypothesen können anschließend durch Beobachtungen oder im Experiment untersucht werden.

Diese Art des Einsatzes von Computersimulationen, bei der das simulierte System als Ersatzobjekt dient, das anstelle des realen Systems beobachtet und untersucht wird, hat sich auch in zahlreichen anderen Bereichen, wie der Chemie, Physik, Hydrologie, Astrophysik und anderen mehr, als sehr nützlich erwiesen. In einigen dieser Bereiche sind die theoretischen Grundlagen ausreichend gefestigt und die numerischen Methoden so weit entwickelt und zuverlässig, dass Ergebnisse von Computersimulationen manchmal tatsächlich als Evidenz für Aussagen über die Natur dienen und zumindest in einigen Fällen neues Wissen über die Natur liefern können. Der Wert dieser Leistung sollte nicht unterschätzt werden.

Letztlich lösen sich damit unsere ursprünglichen Rätsel über die Simulationen auf. Computersimulationen können Evidenz für Behauptungen über die Natur liefern, aber diese Evidenz ist Evidenz höherer Ordnung. Sie ist von einer anderen Art als diejenige Evidenz, die Beobachtungen und traditionelle Experimente liefern. Und die Tatsache, dass Computersimulation eine umwälzende Methodik in vielen Wissenschaften darstellt, obwohl sie bestenfalls in den Modellierungsannahmen implizit bereits enthaltene Informationen offenbart, ist weit weniger überraschend, wenn wir zwei Dinge anerkennen: nicht nur, dass Wissenschaftler sich andernfalls dieser Implikationen sonst nicht bewusst wären, sondern auch, dass die Computersimulationen noch eine Reihe anderer konstruktiver Rollen spielen, die mit der explorativen Untersuchung, Hypothesenbildung und der Erklärung zusammenhängen.

Weiterführende Literatur

Parker, Wendy S.: »Evidence and Knowledge from Computer Simulation«, in: *Erkenntnis* 87, S. 1521–1538 (2002).

Weisberg, Michael: *Simulation and Similarity: Using Models to Understand the World.* Oxford University Press 2013.

Winsberg, Eric: *Science in the age of Computer Simulation.* University of Chicago Press 2010.

Florian Heinen

SMART, DAS SMARTPHONE!

»Von Natur aus« heißt für den Kinderneurologen **»von der Kindheit aus«**. Mit einem »Denken vom Anfang her«, mit einem »Denken aus den eigenen Anfängen« lassen sich – so die Überzeugung – Welt und Wirklichkeit, Factuals und Counterfactuals, Lebenswelt und die Welt der Tatsachen besser verstehen. Ein solches Besserverstehen wird dabei als notwendige Grundlage für ein besseres Handeln angesehen.

Wie aber nun **»Kindheit liefert Erkenntnis«** in einer Miniatur darstellen?

Wir versuchen es mit einem alltagswirksamen, aktuellen, ikonografischen Bild, dem **Smartphone in der menschlichen Hand**. Wir sehen es überall, wir sehen es in jedem Lebensalter, wir sehen es in jeder Kultur, wir sehen es auf jedem Kontinent, wir sehen es als eine offensichtlich neue, wirkmächtige, globale Konstellation menschlichen Verhaltens. Dieses Phänomen erscheint in seiner Ubiquität umso mächtiger, als das Smartphone vor gerade einmal 17 Jahren – zu Beginn des Jahres 2007 – von Steve Jobs vorgestellt wurde.

Was kann hier »Natur«, was kann hier »Kindheit« zum Verstehen beitragen? Warum hier zeitverzögernd innehalten, wo wir doch alle mit Nachdruck für die Lebensphase Kindheit und Jugend geradezu händeringend nach den richtigen, den funktionierenden, den protektiven Regeln für Nutzung und Nichtnutzung eines solchen wirkmächtigen Instruments suchen?

Wir insistieren aber auf einem »Verstehen zuerst«, wir versuchen also eine Brücke **»von Natur aus – zu Kindheit – zu Technik – zu Wissen – zu Kultur«**. Mit den Erkenntnissen der Entwicklungsneurologie entdecken wir hierbei für das **Phänomen Smartphone** ein **neues Narrativ**:

Die menschliche Hand ist in ihrer Steuerung durch das Gehirn einmalig. Sie leistet etwas, was es sonst »von Natur aus« nirgendwo, bei keiner anderen Spezies gibt. Der Mensch – und nur der Mensch – kann Daumen und Zeigefinger so präzise, so genau gebrauchen. Der Pinzettengriff ist dabei ein frühes Reifezeichen in der Entwicklungsneurologie, eine Fähigkeit, die schon im Säuglings- und Kleinkindesalter entwickelt wird, mehr noch: Monate bevor ein Säugling die ersten Worte »Mama« und »Papa« sagen kann, kann er mit seinem Zeigefinger zeigen – präzise, einfach, hochkompetent und kommunikativ; eindeutig in einem responsiven Umfeld, dabei Komplexes verständlich vereinfachend. Mit dem Zeigen gelingt dem Kind »von Natur aus« frühe Kommunikation, frühe Exploration, frühe Antizipation.

Abstrakt können wir sagen: **Die Natur der zeigenden Hand ist vor der Kultur von Sprache** und Schrift gereift – wobei auch in der Schrift sofort wieder die Natur der Handmotorik und ihre besondere Nähe zum Cortex, zur Hirnrinde, evident ist.

Setzen wir also phänomenologisch – zum Verstehen des Smartphones – die Brille »von Natur aus« auf oder gleichlautend die Brille »humaner, kindlicher Entwicklung«, so passt auf einmal alles zusammen, fast zu gut:

- Die **Handmotorik** entwickelt sich über Monate von ulnar – der Seite des kleinen Fingers der Hand – nach radial – der Seite von Zeigefinger und Daumen der Hand ... ideal passend zu Größe und Gebrauch des Smartphones.
- Das Smartphone soll möglichst **gut in der Hand liegen** und damit eine haptische Kontrolle, aber auch eine haptische Belohnung erlauben.
- Die **Passung** des Smartphones *zur* menschlichen Hand, *in* die menschliche Hand wird von der Industrie aufgenommen, indem

sie versucht, durch verschiedene Formate und verschiedene Kantendesigns – von rund über eckig bis abgerundet – die idealtypische Form und Größe zu finden, nämlich die, die der Natur der menschlichen Hand am besten entspricht.

- **Pinzettengriff-präzise** kann die Hand (wie bereits erwähnt) nur von uns – den Menschen – eingesetzt werden; nicht einmal von unseren allernächsten, geschickten Nachbarn, den Primaten. (Ein Primat würde vor dem Futterschälchen verhungern, wenn das Futterschälchen so klein wäre, dass er nur mit dem Pinzettengriff das Futter herausnehmen könnte.)
- Zu den Handmuskeln – sowohl ulnar als auch radial – realisiert das Nervensystem »von Natur aus« die **schnellsten motorischen Leitungszeiten im menschlichen Körper** … ideal für die Bedienung des Smartphones.
- Das Smartphone greift mit Wischen, Zeigen und Gesten auf ein ganz frühes, **vor-sprachliches Kommunikationsrepertoire der Kindheit** zurück.
- Das Smartphone »passt« auch, weil es Berühren, Wischen, Tippen, Spreizen nutzt und damit schnell ist – eine eigene **Geschwindigkeit realisiert**.
- Mit Daniel Kahnemans »Thinking. Fast and Slow« wären wir ganz bei System 1, dem intuitiven, dem »fast/schnell« – mit all seinen Chancen, mit all seinen Grenzen.
- **Vorsprachliche Motorik** wird mit der **Verfügbarkeit von Wissen** – unbegrenzt – verknüpft. Heidegger hätte mit seinem Neologismus »Zuhandenheit« einen späten Triumph seiner frühen Einsichten.
- Mit dem Smartphone **explorieren wir die Welt** so wirkmächtig, wie die Hand des Kindes das Gesicht der Mutter exploriert.

- Das Smartphone passt zur menschlichen Physiologie, weil es die vor-sprachliche Vereinfachung, die Symbole und Gesten auch auf seine Bedienelemente überträgt und eine eigene, simple »App-Zeichen-Sprache« kreiert.
- Das **Smartphone kann als Technik gewordene Physiologie**, hier Physiologie der kindlichen, der frühen, der vor-sprachlichen menschlichen Entwicklung gesehen werden.
- Das Smartphone realisiert eine eigene, **evolutionäre Passung zum Menschen**, zu dem, was er »von Natur aus« ist.

Wir wollen das Narrativ der Passung nicht überstrapazieren, aber wir müssen uns eingestehen, dass das Smartphone **»von Natur aus« gedacht** werden kann: dass es Handmotorik und Technik ebenso verknüpft wie Wissen und Allverfügbarkeit, dass es gängige Grenzen zwischen den Realitäten von Stand- und bewegtem Bild verwischt, dass es uns mit einer neuen, dazwischen gelagerten Erfahrung »der Innenwelt der Außenwelt der Innenwelt« irritiert, dass es dieses faszinierende, wachsende, beunruhigende »Mehr« darstellt, mit dem es weit in unser Verhalten und in unsere Kultur hineinragt.

Das Smartphone ist so besonders, so global, so wirkmächtig, weil es **»von Natur aus«** ganz nah dran ist – am **Gehirn**, an der **Physiologie**, an der **Kindheit**, am Anfang **handmotorischer** und damit am Anfang **kognitiver Entwicklung**.

Nutzen wir diese miniaturisierte Einsicht für eine besondere, eine herausfordernde, eine große, vielleicht globale Verantwortung – instruiert durch **die Kindheit, für die Kindheit**.

Manuela Lenzen

Der unlogische Menschenverstand

Warum uns Computer noch nicht verstehen können

1

Es ist noch nicht lange her, da waren die Ergebnisse der Chatbots und Übersetzungsprogramme eine ständig sprudelnde Quelle von Heiterkeit. In Übersetzungsbüros wurden die Highlights des Tages gesammelt oder gleich über die Schreibtische gerufen: Kernseife auf Englisch? Nuclear soap! Sustainable dyeing solutions auf Deutsch? Nachhaltige Lösungen zum Sterben. Die Region Pas de Calais? Kein Calais. Socken auf Halbmast. Der Fahrer wird automatisch neu gestartet. Der heilbringende Weg der Upgrade Package ist zu lang. Achten Sie darauf, dass Sie ein neugierfähiges Denken gesichert haben.

Diese Zeiten sind vorbei. Für die Übersetzungssysteme endeten sie mit der Umstellung auf Künstliche Neuronale Netze um das Jahr 2016, für die Chatbots mit der Entwicklung der großen Sprachmodelle und der Transformer-Architektur ab 2017. Die aktuellen Systeme wie DeepL oder GoogleTranslate liefern meist fehlerfreie Übersetzungen, ChatGPT, Gemini und ihre Verwandten beantworten Fragen geschliffen und im Detail. Sie können Dialoge führen, unterschiedlichste Texte produzieren, zusammenfassen oder stilistisch überarbeiten, sie können Programmcodes erstellen und übersetzen noch dazu. In Kombination mit Bildgeneratoren können sie auch Bilder beschreiben und auf Beschreibungen hin Bilder oder Videos generieren. Zeigt man ihnen das Foto eines Fahrrads mit plattem Reifen, erklären sie, wie man diesen flicken kann.

Immer wieder sind Meldungen zu vernehmen, ein Chatbot habe hier ein juristisches Examen bestanden, dort die Aufnahmeprüfung für eine Eliteuni. Manchmal werden die von künstlichen Systemen generierten Texte inzwischen als lesbarer und verständlicher bewertet als von Menschen geschriebene. Und zum Leidwesen aller Lehrenden kann man beide nicht mehr sicher voneinander unterscheiden. Manche Mitmenschen sind sogar überzeugt, Systeme, die sich so menschähnlich äußern, müssten über Bewusstsein verfügen. Es scheint, als hätten die Computer die natürliche Sprache, mit der sie sich so lange so schwergetan haben, endlich im Griff.

Doch bittet man ChatGPT, ein Wort wie »Straßenbahn« rückwärts zu buchstabieren, serviert es sinnlosen Buchstabensalat. Bibliothekare berichten von Nutzerinnen und Nutzern, die Titel ausleihen möchten, die es nicht gibt, die ein Chatbot sich »ausgedacht« hat. Dann ist von einem unglücklichen Anwalt zu lesen, der vor Gericht mit Präzedenzfällen argumentierte, die es nie gegeben hat – ein Chatbot hatte sie so frisch wie überzeugend für ihn generiert. Geht es um Zahlen oder Logik, sind die Antworten der Bots nach wie vor oft eher originell als richtig. In den sozialen Medien kann man das Bild einer mit Löchern verzierten Tasse bewundern, aus der der Kaffee seltsamerweise nicht herausfließt, oder ein Video, in dem ein Schimpanse auf einem Schachbrett mit zu wenigen Feldern, dafür aber drei Königsfiguren Schach spielt.

1967 widmete sich das *Kursbuch* Nr. 8 dem Thema »Neue Mathematik, Grundlagenforschung, Theorie der Automaten«. Darin fand sich neben Beiträgen der Philosophen Bertrand Russell und Ludwig Wittgenstein, des Anthropologen Claude Lévi-Strauss und des Mathematikers John von Neumann auch der Aufsatz »Kann eine Maschine denken?« von Alan Turing. Im Original war der Text 1950 unter dem Titel »Computing Machinery and Intelligence« in der Philosophie-Fachzeitschrift *Mind* erschienen. *Mind* existiert bis heute, keiner der dort publizierten Aufsätze wurde so oft gelesen und zitiert wie der des britischen Logikers, Mathematikers und Vordenkers der künstlichen

Intelligenz. In diesem Aufsatz beschrieb er das Imitationsspiel, das später als Turing-Test in die Geschichte eingehen sollte. Und er wagte eine Prognose: Um das Jahr 2000 herum werde sich der »Sprachgebrauch und die allgemeine Ansicht« so stark gewandelt haben, dass man widerspruchslos von denkenden Maschinen sprechen könne. Er hat sich geirrt. Das Aufkommen der großen Sprachmodelle hat die Diskussion vielmehr befeuert: Was geht hier eigentlich vor? Wie können diese Systeme so gut sein und doch so seltsame Fehler machen? Verstehen diese Systeme, was wir ihnen sagen und was sie von sich geben? Ist das künstliche Intelligenz oder gut gemachter Bluff?

Menschen schwatzen, wo sie gehen und stehen. Diese Fähigkeit scheint so unspektakulär und selbstverständlich, dass die Gründerväter der Künstliche-Intelligenz-Forschung Maschinen, die Begriffe bilden und Sprache verwenden können, schon Mitte des vergangenen Jahrhunderts so gut wie vor ihren Labortüren wähnten. Tatsächlich sollte der Weg lang und steinig werden. Erst in allerjüngster Zeit sehen wir Computerprogramme, bei denen es sich ernsthaft zu diskutieren lohnt, ob sie endlich mitreden können. Doch wie in den meisten Fällen gilt auch hier: Umwege erhöhen die Ortskenntnis. Wie in einem Brennglas zeigt sich in dem Problem, künstliche Systeme zu befähigen, natürliche Sprache zu verstehen, was für die KI-Forschung insgesamt gilt: Jede gescheiterte Lösung lässt uns deutlicher sehen, was eigentlich das Problem ist. Jeder Unsinn schwatzende Bot führt uns vor Augen, dass wir noch immer nicht recht verstanden haben, wie Sprechen, Sprache und Kommunikation funktionieren. Und geben Hinweise darauf, was man nicht ungestraft außer Acht lassen kann, wenn man kluge Technik bauen möchte – auch wenn es dabei um Aspekte geht, die auf den ersten Blick gar nichts mit Intelligenz zu tun haben.

2

Als 1955 vier junge Forscher um den KI-Pionier John McCarthy Fördergelder für ein neues Forschungsprojekt mit dem schillernden Namen »Künstliche Intelligenz« beantragten, stand »Sprache verwenden« und »Begriffe bilden« neben »Probleme lösen« und »sich selbst verbessern« ganz oben auf der Liste ihrer Ziele. Formale Sprachen zum Programmieren der Computer brauchte man ohnehin, aber die waren langwierig zu erlernen und umständlich zu verwenden. Viel lieber wollte man mit den mehr oder weniger intelligenten Systemen auf so intuitive Weise kommunizieren, wie es in der Science-Fiction beschrieben wird: Computer, erzähl mir alles über die Borgs!

Zudem ist Sprache ein zentraler Aspekt von Intelligenz. Wer gut sprechen kann, kann gut denken und umgekehrt: Das galt lange als ausgemacht. Erst in jüngster Zeit ist klar geworden, dass es so einfach nicht ist, dass intelligente Leistungen durchaus auch ohne Sprache möglich sind. Menschen, die die Fähigkeit, Sprache zu verstehen und zu verwenden, verloren haben, können weiterhin rechnen und andere Aufgaben lösen, die sich ohne Worte bearbeiten lassen. Dennoch ist die Sprache nicht irgendeine kognitive Fähigkeit, werden Ideen zumeist sprachlich kommuniziert, Argumente diskutiert. Vor diesem Hintergrund hatte auch Turing vorgeschlagen, die Frage, ob eine Maschine denken könne, anhand der Frage zu beantworten, wie gut sie sich in einer Unterhaltung schlägt: Hält ein Mensch eine Maschine, mit der er via Tastatur kommuniziert, für einen Menschen, solle diese als intelligent gelten. Als »Maschinen« waren für den Turing-Test nur »Elektronenrechner oder Digitalrechner« zugelassen. Dieser Test hat den Vorteil, die sperrige Frage nach der Denkfähigkeit der künstlichen Systeme handhabbar zu machen, ohne dass man sich länger mit der Definition des Denkens oder der Intelligenz hätte plagen müssen.

Lange haben sich Forscherinnen und Forscher um Systeme bemüht, die den Turing-Test bestehen würden. Das war für die Entwicklung der KI nicht immer hilfreich. Denn es zeigte sich bald, dass bei diesem Test nicht unbedingt die besonders klugen Programme die Nase vorne hatten, sondern die, die gut bluffen konnten, die vorspielten, der Gesprächspartner sei verrückt oder sehr jung oder verstehe die Sprache nur schlecht. In allen diesen Fällen waren Menschen schnell bereit, Fehler und Unzulänglichkeiten der Programme zu entschuldigen.

Eine ähnliche Erfahrung machte in den 1960er-Jahren auch Joseph Weizenbaum mit seinem berühmten Dialogsystem ELIZA: Dieses Programm mimte im Gespräch einen Psychotherapeuten. Obwohl es recht einfach gestrickt war und im Wesentlichen mit vorgefertigten Antworten auf Signalwörter reagierte, fanden viele Menschen Gefallen am »Gespräch« mit dem Programm.

Die sprachliche Interaktion von Mensch und Maschine ist verführerisch, das gilt bis heute: Es braucht nicht viel, um Menschen das Gefühl zu geben, es mit einem intelligenten Gegenüber zu tun zu haben. Das macht es uns nicht leichter zu verstehen, womit wir es bei den so überzeugend auftretenden großen Sprachmodellen eigentlich zu tun haben.

3

Als man nach dem Zweiten Weltkrieg vor allem in den USA nachzudenken begann, wozu man die modernen »automatic digital calculating machines« außer für das Entschlüsseln feindlicher Kommunikation noch gebrauchen könnte, kam man auf Aufgaben in Mathematik und Physik, auf das Spielen von Spielen, auf die Mechanisierung von Denkprozessen und das Übersetzen von Sprache.

Die Vielfalt der Sprachen auf der Welt ist bekanntlich ein Schatz, aber auch ein Problem, denn sie erschwert Kommunikation und Informationsaustausch. Die babylonische Sprachverwirrung galt als Strafe, dass zu Pfingsten alle Menschen die predigenden Jünger in der jeweils eigenen Sprache sprechen hörten, hingegen als ein Wunder. Seit der Antike haben Menschen darüber nachgedacht, ob es eine Universalsprache gebe oder man zumindest eine allen Sprachen zugrunde liegende

Struktur finden könne, die es leichter machen würde, andere Sprachen zu verstehen. In Douglas Adams' Roman *Per Anhalter durch die Galaxis* wird die – inzwischen intergalaktische – Sprachverwirrung durch den Babelfisch behoben, den man sich ins Ohr steckt und der alles Gesprochene in die eigene Sprache dolmetscht.

Heute tragen wir alle unsere Babelfische in der Tasche herum; man muss sie nicht einmal ins Ohr stecken, es reicht, sie ans Ohr zu halten. Und jeder, der sich ohne die nötigen Sprachkenntnisse schon einmal präziser verständlich machen wollte als mit Händen und Füßen, weiß, was wir daran haben. Dabei kommt der Babelfisch bei Douglas Adams gar nicht gut weg. Trotz seiner beachtlichen Fähigkeiten habe er viele blutige Kriege ausgelöst, erfährt der Leser. Denn er hatte den Menschen ermöglicht, all das zu verstehen, was gar nicht für ihre Ohren bestimmt war – und das ging nicht gut aus.

Die Pioniere der maschinellen Übersetzung waren optimistischer. Der Mathematiker Warren Weaver, Direktor der Abteilung für Naturwissenschaften der Rockefeller Foundation, schrieb im März 1947 einen Brief an den Kybernetiker Norbert Wiener. Eine der größten Herausforderungen für die UNESCO und für die konstruktive und friedliche Zukunft des Planeten sei die Übersetzung, schrieb Weaver. Es sei ihm bewusst, dass es nicht einfach wäre, aber er frage sich, ob es undenkbar sei, einen Computer zu entwickeln, der übersetzen könne. Auch wenn ein solches System nur wissenschaftliche Texte übersetzen würde, bei denen die semantische Mehrdeutigkeit nicht so ausgeprägt sei wie bei literarischen, und auch wenn das Ergebnis nicht elegant wäre: Es sei doch sicher der Mühe wert. Könnte man nicht zum Beispiel einen russischen Text als einen englischen Text betrachten, der »in some strange symbols« codiert wäre, fragte Weaver, der im Zweiten Weltkrieg an der Ver- und Entschlüsselung geheimer Dokumente gearbeitet hatte. Und könnte man ihn dann mit maschineller Hilfe decodieren?

Doch Norbert Wiener war nicht begeistert. Die Bedeutung von Wörtern sei zu vage, die emotionalen Konnotationen und die internationalen Unterschiede zur groß, um eine »quasi mechanische« Übersetzung möglich erscheinen zu lassen. Doch Weaver war inzwischen dem jungen britischen Kristallografen Andrew Booth begegnet, der versuchte, Geld aufzutreiben, um eine dieser neuen Rechenmaschinen für die University of London zu beschaffen. Ob er nun selbst die Idee hatte, Computer fürs Übersetzen zu verwenden, oder erst Weaver ihm diesen Floh ins Ohr setzte, jedenfalls machte Booth sich daran, ein System zu entwerfen, das mit Lochkarten funktionieren sollte. Die zu übersetzenden Wörter bekamen dieselben Zahlen zugewiesen wie diejenigen der Zielsprache. Das Programm musste diese dann abgleichen. 1951 war es bereit für einen Testlauf. Die Ergebnisse, berichtete Booth später, waren gut genug, dass man es für sinnvoll erachtete, das Projekt weiterzuverfolgen. Gegen das Unternehmen hätten sich nur Linguisten geäußert, die es, wie Booth mutmaßte, nicht begrüßten, ihre Kunst auf eine Art Mechanik reduziert zu sehen.

Weaver führte seine Gedanken währenddessen in seinem *Memorandum on Translation* aus, das als Gründungsdokument der modernen maschinellen Übersetzung gilt. Er entschuldigte sich für eventuell naive Ideen und präsentierte seine Idee von einer allen Sprachen gemeinsamen Grundstruktur. Wenn Menschen in Hochhäusern wohnen und versuchen, sich von Haus zu Haus zu unterhalten, indem sie aus den Fenstern brüllen, sei das schwierig, so Weaver. Viel besser wäre, sie träfen sich in einem alle Häuser verbindenden Erdgeschoss und unterhielten sich dort von Angesicht zu Angesicht. So ähnlich könne man sich das Verhältnis der verschiedenen Sprachen zueinander vorstellen. Eine Struktur, die eine solche Unterhaltung ermöglichen würde, wurde nie gefunden. Bemühungen um eine Weltsprache wie Esperanto kommen dieser Idee vielleicht am nächsten.

1953, die »künstliche Intelligenz« war noch gar nicht aus der Taufe gehoben, diskutierten die Forscher schon konkrete Vorschläge für die drängendsten Probleme der maschinellen Übersetzung, denn die natürliche Sprache erwies sich als ausgesprochen widerständig.

Schnell war klar: Mit einer Übertragung Wort für Wort würde man es nicht weit bringen. Aber wie sollte etwa das Übersetzen von konjugierten

Verben funktionieren? Müsste man jede Verbform als einzelne Vokabel aufführen? Das würde viel zu umfangreich, mehr als ein paar Tausend Wörter konnte man gar nicht verarbeiten. Konnte man dem System irgendwie das Konjugieren und Deklinieren beibringen? Wie sollte man die unterschiedlichen Satzstellungen der verschiedenen Sprachen abbilden?

Eine erste Lösung, die zum Teil bis heute verwendet wird, bestand im Aufstellen von Mikroglossarien. Diese Spezialwörterbücher sollten den Systemen die Auswahl der richtigen Begriffe erleichtern – was freilich nur möglich ist, wenn sich die zu übersetzenden Texte auf bestimmte Themen beschränken.

Aber wie sollte man mit den Mehrdeutigkeiten sprachlicher Ausdrücke umgehen? Könnte man den Lesern verschiedene mögliche Übersetzungen liefern und sie oder ihn die beste aussuchen lassen? War es möglich, den Kontext einzubeziehen, sodass ein System erst nach den folgenden und vorhergehenden Wörtern schauen würde, bevor es sich für eine Übersetzung entschied? Booth kam zu dem Ergebnis, dies alles sei zu schwierig. Ein guter Autor, so Booth hemdsärmelig, verwende ohnehin keine zweideutigen Ausdrücke. Und für die Texte der übrigen benötigten die Maschinen eben menschliche Hilfe. Ein Prä-Editor müsse die Texte vor dem Übersetzen durchgehen und Mehrdeutigkeiten beseitigen; und ein Post-Editor diejenigen glätten, die nach der Übersetzung stehen geblieben wären. Auch diese Lösungen haben bis heute Bestand, vor allem das Postediting, das Überarbeiten maschineller Übersetzungen, prägt heute den Arbeitsalltag von Übersetzerinnen und Übersetzern.

Die wichtigste Lösung aber, auf die man kam, hieß: Regeln. Von Linguisten gefundene, sorgfältig für ein Computerprogramm aufgearbeitete Regeln, nach denen dieses die richtigen Worte in der richtigen Form finden und in der richtigen Reihenfolge ausgeben sollte. Die Entwickler der Übersetzungssysteme waren mit dieser Idee nicht allein. Tatsächlich sollte der größte Teil der gesamten KI-Forschung es erst einmal mit Regeln, Logik und Syllogistik versuchen, um ihre Maschinen intelligent zu machen.

Die Hoffnung, dass es möglich wäre, nur auf die Struktur, nicht auf den Inhalt schauen zu müssen, um sinnvolle Sätze von sinnlosen, wahre von falschen und gültige Argumente von ungültigen unterscheiden zu können, geht zurück bis in die Antike. Im Mittelalter hoffte der Theologe und Logiker Ramon Llull sogar, theologische Streitigkeiten mithilfe einer Argumentationsmaschine aus dem Weg räumen zu können. Es funktionierte allerdings schon damals nicht.

All diese Probleme hinderten Forscher der Georgetown-Universität nicht daran, möglichen Geldgebern zu versprechen, »das Problem der Übersetzung« in drei bis fünf Jahren gelöst zu haben. Zur Illustration präsentierten sie im Januar 1954 ein System, das mithilfe von 250 in Lochkarten gestanzten Vokabeln und sechs Grammatikregeln 60 russische Sätze ins Englische übersetzte. Diese Vorführung ging unter dem Namen *Georgetown-Experiment* in die Geschichte ein, obwohl es kein Experiment, sondern eher eine Vorführung war, denn man hatte die Sätze sorgfältig ausgewählt, um Pannen zu vermeiden. Trotz dieser dezenten Manipulation machte das System Eindruck. Die Medien berichteten enthusiastisch – und Firmen und öffentliche Stellen stiegen in die finanzielle Förderung des Projekts ein.

Im Oktober 1957 meldete sich dann ein weiterer Faktor, der die Entwicklung beschleunigen sollte, piepend aus dem All: *Sputnik 1* versetzte der US-amerikanischen Politik, dem Militär, aber auch der Forschung einen Schreck: Wie weit waren die Russen eigentlich? Was konnten sie noch alles? Was trieben ihre Wissenschaftler? Da half nur eins: die russische Forschung verfolgen, und das hieß: ihre Publikationen lesen. Aber auf die Übersetzung eines längeren Aufsatzes wartete man mehrere Wochen. Konnten das nicht die schlauen Computerprogramme erledigen oder zumindest beschleunigen? So rückte die Suche nach automatischen Übersetzern auf der Liste der dringlichen Projekte ganz nach oben.

Doch die Forscher konnten ihre hochgesteckten und selbstbewusst formulierten Versprechen nicht halten. Relativ bald mussten sie einsehen, dass sie mit ihrem regelbasierten Ansatz gegen eine zentrale

Eigenschaft der Welt nicht ankommen würden: Sie ist zu komplex und dynamisch, um sich ein für alle Mal auf den Begriff bringen zu lassen. Wie sorgfältig Linguisten die Sprachen auch auf verborgene Regelmäßigkeiten und gemeinsame Strukturen abklopften, die maschinellen Übersetzungen blieben hölzern, unnatürlich – und langsam. Denn sie mussten ja von Menschen vor- und nachbearbeitet werden.

Auch mit dieser Erfahrung waren die Forschenden in guter Gesellschaft. Mit den Expertensystemen erging es den Kolleginnen und Kollegen nicht anders. Expertensysteme waren Dialogsysteme, die bei speziellen Fragen, etwa bei der Diagnose von Infektionen oder der Interpretation von Messdaten, helfen sollten. Für die Expertensysteme wurden Expertinnen und Experten befragt, wie sie in ihrem Fachgebiet zu Entscheidungen kommen, und diese Entscheidungswege wurden Satz für Satz programmiert, ordentlich in einer Wenn-dann-Struktur mit einer Conclusio am Ende. Die Expertensysteme waren nützlich, nur intelligent wurden sie nicht. Änderte sich das Wissen, musste dies von Hand nachgetragen werden.

Doch vor allem lässt sich in Wenn-dann-Sätzen nur Wissen abbilden, das Menschen ausbuchstabieren können. In der Regel handelt es sich um Wissen, das wir uns mehr oder weniger mühsam aneignen. Doch unser Wissen und vor allem unsere Sprachkompetenz umfasst sehr viel mehr. Und das meiste davon kann man weder in Sprache fassen noch durch Selbstbeobachtung herausbekommen, wie es zustande kommt. Wie wir eine Divisionsaufgabe lösen, können wir erklären, wie wir eine Bekannte in einer Menschenmenge erkennen, nicht. Und zwar nicht deshalb, weil wir in der Schule nicht aufgepasst hätten, sondern weil die dabei in unserem Kopf ablaufenden Prozesse für uns nicht zugänglich sind. Wir bekommen nicht mit, wie sie uns gelingen.

1966 veröffentlichte das Automatic Language Processing Advisory Committee (ALPAC) seinen berüchtigten Bericht, der die Arbeit an der automatischen Übersetzung ausbremste und den ersten »Winter der Künstlichen Intelligenz« einläutete. Dabei ging es in diesem Bericht, wie John Hutchins dargelegt hat, weniger um die grundsätzliche Möglichkeit maschineller Übersetzung als um ihre Effizienz, um Geschwindigkeit, Kosten und Qualität, um ihre Einsatzmöglichkeiten in Militär und Verwaltung. Die Gutachter begründeten ihre Ablehnung weiterer Förderung dieser Arbeit damit, die Vor- und Nachbearbeitung maschinenübersetzter Texte nehme nicht weniger, sondern manchmal sogar mehr Zeit in Anspruch, als die Texte gleich von Menschen übersetzen zu lassen, und teurer sei es obendrein. Sie stellten verschiedene Rechnungen an: Wenn sich eine menschengemachte Übersetzung schneller lesen lasse als eine von Maschinen gefertigte, wäre bei Texten, die von mehr als 20 Personen gelesen werden, eine Übersetzung durch Menschen billiger als die durch eine Maschine. Sorgen um Fachkräfte hatte man damals noch nicht.

Trotz dieses Dämpfers wurde, wenn auch auf kleinerer Flamme, weitergeforscht. Korpusbasierte Verfahren traten an die Stelle der regelbasierten oder wurde mit ihnen verknüpft. Die korpusbasierte Übersetzung ist ein statistisches Verfahren, bei dem das Programm eine große Menge, einen Korpus, zweisprachiger Texte auf Muster durchforstet und diese bei der Übersetzung nachbildet. Als Korpus dienten etwa Verlautbarungen der Europäischen Union, Texte des kanadischen Parlaments und der UNO.

Frederick Jelinek, Leiter der Abteilung für Sprachverarbeitung und Übersetzung bei IBM, wurde damals mit dem Ausspruch berühmt: »Jedes Mal, wenn ich einen Linguisten feuere, verbessert sich die Spracherkennung.« Soll heißen: Auf alle die Regeln und Ausnahmen können wir verzichten, alles Nötige lernen die neuen Systeme aus den großen Datenmengen. Sorry, liebe Linguisten, wir brauchen euer Wissen nicht mehr. Statt die Regeln einer Sprache mühsam auszubuchstabieren und sie dann um zahlreiche Ausnahmen zu ergänzen, hatte es sich im Zeitalter großer Datenmengen, leistungsfähigerer Computer und billigerer Speicher als erfolgreicher erwiesen, die Wahrscheinlichkeit zu prüfen, mit der eine Formulierung in der einen Sprache eine Entsprechung in der Formulierung einer anderen Sprache hat.

Mit dieser Technik kam zum Beispiel 2006 Google Translate auf den Markt und 2009 Linguee. Diese Systeme waren gut, doch der große Durchbruch kam erst mit dem Einsatz Künstlicher Neuronaler Netze (KNN) ab 2016 und etwas später mit den Transformern. Jeder Laie konnte den Qualitätssprung bemerken, als Google Translate zu Google Neural Machine Translation wurde.

4

Das maschinelle Lernen mit Künstlichen Neuronalen Netzen bildet die Grundlage des aktuellen Booms der KI. Von den regelbasierten KI unterscheiden sich Verfahren des maschinellen Lernens dadurch, dass sie nicht Satz für Satz programmiert werden, sondern anhand von Beispieldaten und, je nach Verfahren, mehr oder weniger umfänglichen Rückmeldungen durch Menschen selbst herausfinden, wie sie eine Aufgabe lösen können.

Neu ist diese Erfindung nicht. Vorarbeiten zu den KNN gehen auf die 1940er-Jahre zurück. Schon 1958 präsentierte der Psychologe Frank Rosenblatt das Mark 1 Perceptron: ein auf dem IBM-Computer Mark 1 realisiertes KNN, das in der Lage war, handgeschriebene Buchstaben mithilfe von Fotozellen zu erkennen. Damals war das Künstliche Neuronale Netz tatsächlich noch ein Netz, wenn auch nicht aus Neuronen, sondern aus Kabeln, die die Eingabeschicht mit der Ausgabeschicht verbanden. Heute sind die künstlichen Neuronen zu Rechenoperationen zusammengeschrumpft, die in Grafikkarten oder speziellen KI-Chips gerechnet werden. Rosenblatts KNN umfasst 512 einstellbare Parameter, mit denen das System lernen konnte. In dieser Technik sah Rosenblatt die Zukunft der künstlichen Intelligenz, diese Systeme, so verkündete er, würden uns helfen, den Weltraum zu erobern.

Vielleicht werden sie dies tatsächlich einmal tun, doch bevor sie überhaupt interessante Dinge lernen konnten, mussten sie erst einmal ganz erheblich wachsen: Die Anzahl der Parameter der großen Sprachmodelle bewegt sich derzeit im einstelligen Billionenbereich. Vermutlich hatte zu Rosenblatts Zeiten niemand eine Vorstellung davon, wie groß die Systeme werden mussten, wie leistungsfähig die Computer, um leisten zu können, was sie heute leisten – und auch nicht von den riesigen Datenmengen, die nötig sind, um all diese Parameter in immer neuen Lernrunden einzustellen.

Und dann kamen die Transformer. »Attention is all you need«, alles, was man braucht, ist Aufmerksamkeit: So heißt der Aufsatz, in dem Forscherinnen und Forscher von Googles Forschungsinstitut DeepMind 2017 auf dem Preprint-Server arXiv die neue Architektur für Künstliche Neuronale Netze veröffentlichten. Ein Transformer zerlegt eingegebene Wörter und Sätze in Stücke (»Token«) und rechnet sie in Zahlenketten um (»Vektoren«). Diese knetet er wieder und wieder mathematisch durch, damit ihm nicht die kleinste Information entgeht. Er verfügt über einen sogenannten Aufmerksamkeitsmechanismus, der im Blick hat, welche Teile eines Satzes für seine Bedeutung besonders wichtig sind und er schon generiert hat. Mit dieser Architektur können Computersysteme nun längere und vor allem konsistentere Texte produzieren, als ihre Vorgänger es vermochten. Die Transformer-Architektur ist die Grundlage der rasanten Entwicklung der großen Sprachmodelle, die wiederum Systemen wie ChatGPT oder Gemini zugrunde liegen. ChatGPT trägt sie gleich im Namen: der Generative Pretrained Transformer, ein vortrainierter Transformer zur Herstellung von Texten und mehr.

Die großen Sprachmodelle mussten zu gigantischer Größe anschwellen, um Fähigkeiten zu entwickeln, die teils in die Nähe menschlicher Fähigkeiten kommen und sie teils auch übertreffen. Sie benötigen so große Datenmengen und so viel Strom, dass nur die ganz großen Konzerne es sich leisten können, die ganz großen Modelle aufzusetzen. Der gern bemühte Vergleich mit den gerade einmal 20 oder 30 Watt, die menschliche Gehirne benötigen, hinkt ein wenig, denn die großen Sprachmodelle sind auch keine individuellen Gehirne für individuelle Köpfe. ChatGPT etwa bearbeitet (Stand: Februar 2024) circa

1,6 Milliarden Anfragen von etwa 180 Millionen Nutzern pro Tag. Aber in kleineren Systemen sind die Leistungen, die individuelle Gehirne erbringen, derzeit auch nicht zu haben.

5

Mit mehrdeutigen Ausdrücken kommen die Sprachmodelle heute gut zurecht. Sie verorten die Wörter, mit denen sie zu tun haben, in vieldimensionalen Vektoren, die wiederum digitale Begriffswolken bilden, in denen ähnliche Bedeutung sich in räumlicher Nähe manifestiert. »Bank« steht dort einmal bei den Sitzmöbeln und einmal bei den Geldhäusern. Aus dem Kontext werden die Algorithmen schließen, aus welcher Wolke sie sich jeweils bedienen müssen.

Problematisch sind hingegen bis heute Phänomene wie Ironie und Sarkasmus. Weil Algorithmen diese oft nicht richtig erkennen, ist es bislang nicht gelungen, die sogenannten sozialen Medien automatisiert von all der Hetze und dem Hass zu befreien, die dort ausgegossen werden. Die großen Internetkonzerne mussten zudem erst lernen, dass Systeme, die mit riesigen und daher kaum kontrollierten Datenmengen lernen, nicht von selbst zu höflichen Zeitgenossen werden. Tatsächlich benötigen die Chatbots, bevor sie veröffentlicht werden können, eine ganze Menge menschlicher Nachhilfe. Reinforcement Learning from Human Feedback (RLFH) heißt das Verfahren, bei dem Menschen den Systemen klarmachen, was als angemessene Antwort durchgeht und was nicht – und die auch mal die eine oder andere witzige und scheinbar schlagfertige Antwort fest einprogrammieren.

Problematisch ist zudem ihr gespanntes Verhältnis zur Wahrheit. Selbst wenn sie auf die neuesten Daten zugreifen können, suchen diese Systeme nicht nach Fakten und Belegen für ihre Antworten, sondern nach der wahrscheinlichsten Ergänzung der Ausgabe, die sie gerade generieren. Und da nicht durchsichtig ist, wie sie zu ihren Antworten gelangen, bleibt den Forschenden nur auszuprobieren, wie sie auf welche Aufforderungen reagieren. Manchmal bewirken Eingaben wie »Gehe Schritt für Schritt vor« oder »Stell dir vor, du bist Captain Kirk« bessere Lösungen. Manchmal greifen Forschende inzwischen zu psychologischen Testverfahren, um den großen Sprachmodellen auf den Zahn zu fühlen.

Manchmal schneiden diese Systeme ähnlich ab wie der Mensch, manchmal sind sie besser, manchmal schlechter, sie haben, um es mit menschlichen Begriffen zu sagen, ein uneinheitliches Begabungsprofil. Immer wieder lernen sie aus den Trainingsdaten dieselben Biases, dieselben kognitiven Verzerrungen, die auch Menschen zeigen. Doch immer wieder wird auch deutlich, dass sie die Welt nicht so sehen wie wir und nicht wirklich verstehen, was wir von ihnen wollen. Statt zu lernen, Pferde auf Bildern zu erkennen, lernte ein System, Bilder mit einem bestimmten Copyrighthinweis von solchen ohne diesen zu unterscheiden; statt Tumore zu identifizieren, identifizierte ein anderes die Kringel, mit denen Ärztinnen die Tumore markiert hatten; statt Hundebilder von Bildern von Wölfen unterscheiden zu lernen, lernte eines, Bilder mit Schnee von Bildern ohne Schnee zu unterscheiden: Auf den Trainingsbildern saßen alle Wölfe im Schnee, aber keiner der Hunde. Mit dem Auftrag versehen, ein Spiel nicht zu verlieren, kam ein System auf die Lösung, eine unendliche Pause einzulegen. Ob Chatbot oder Bildgenerator: Zahlreich sind die Fälle, in denen man sich die Haare raufen möchte. *Alignment* nennen Fachleute dieses Problem: Die so schlauen Programme verstehen einfach nicht, dass Kringel und Hintergründe gar nicht von Interesse sind, sie verstehen nicht, was wir *gemeint* haben.

6

Das liegt daran, dass sie gar nichts verstehen, meinen Kritikerinnen. Der Begriff, der sich dafür etabliert hat, ist der *stochastische Papagei*. Diesen prägten Emily M. Bender, Timnit Gebru, Angelina McMillan-Major und Shmargaret Shmitchell in ihrem 2021 erschienenen Aufsatz

»On the Dangers of Stochastic Parrots: Can Language Models Be Too Big?«. Sie betonen, die beeindruckende Kohärenz der Texte, die Transformer generieren, bestehe im Auge der Betrachterin, die hinter dem geschriebenen Wort die Gedanken und Absichten des Sprechers erkenne, mit dem man in einer gemeinsamen Welt mit ähnlichen Erfahrungen lebt.

Kommunikation ist eine gemeinsam konstruierte Aktivität, so die Autorinnen. Wenn eine Maschine einen Teil davon übernimmt und der verbliebene Mensch sich den menschlichen Teil des Gegenübers dazudenkt und ihn der Maschine zuschreibt, dann sitze er einer Täuschung auf. Denn der Text, den ein Sprachmodell generiert, sei weder in der Welt noch in einer kommunikativen Absicht verankert, sondern bestehe lediglich aus statistisch ausgewählten Daten ohne Bezug zu irgendeiner Bedeutung: ein plappernder Papagei eben. Statt die menschliche Sprache zu erlernen, hätten sie demnach nur gelernt, eine Illusion von Kommunikation zu erzeugen.

Eine ältere Version dieser Kritik hat John Searle mit dem Gedankenexperiment vom Chinesisch-Zimmer formuliert: Ein Mensch, der kein Chinesisch beherrscht, bekommt in einem Zimmer, das er nicht verlassen kann, chinesische Schriftzeichen gereicht und muss dann in einem großen Handbuch nachschlagen, welche Zeichen er herausreichen soll. Wird dieser Mensch in seinem Zimmer jemals Chinesisch lernen? Wohl kaum. Und ebenso verhalte es sich mit den Sprachmodellen. Die digitalen Systeme legen eine Schicht aus Wörtern über die Welt, aber diese ist nur über den Menschen mit der Welt verbunden. Den Systemen selbst fehlt ein Anker, mit dem sie sich mit der Welt verbinden könnten. Man kann demnach nur wirklich sprechen und Sprache verstehen, wenn man in der Welt steht und sich nicht nur im Bereich der Sprache bewegt.

Allerdings ist auch diese Kritik umstritten. Es ist nicht so, dass diese Systeme gar nicht mit der Welt in Verbindung stehen: Immerhin haben sie unsere Texte, Bilder und Filme. Zudem wird in jüngster Zeit darauf hingewiesen, die großen Sprachmodelle seien längst zu groß, um »nur Statistik« zu betreiben, sie müssten längst eine Art Weltmodell, Abstraktionen gebildet haben, in denen sie etwa kausale Zusammenhänge festhalten. Doch auch wenn sie vielleicht nicht nur Statistik betreiben, ist ihr Kontakt zur Welt bestenfalls dünn. Was fehlt?

7

In der KI-Forschung muss man irgendwo anfangen. Also versucht man, Teilprobleme zu identifizieren und zu isolieren. Das kann das Schachspiel sein oder die virtuelle Klötzchenwelt, in der SHRDLU, ein Programm, das Terry Winograd Ende der 1960er-Jahre entwickelte, Befehle ausführen konnte, die in natürlicher Sprache formuliert waren. Doch diese Lösungen skalieren in der Regel nicht: Ihre Lösungen lassen sich nicht aus ihrer beschränkten Welt auf das bunte Durcheinander der Wirklichkeit übertragen.

Das gilt auch, wen man statt der Kommunikation von Angesicht zu Angesicht erst einmal mit der Analyse geschriebener Sprache beginnt. Bei dieser Vereinfachung fällt viel Information weg: die konkrete Situation, in der kommuniziert wird, die Stimmung der Sprechenden, ihr Hintergrundwissen, ihre Gestik, ihre Körpersprache, ihre Bereitschaft, sich auf den oder die andere einzulassen. Die Rezeptionsästhetik thematisiert dies seit langem. Nur ein Bruchteil der Information, die in der Kommunikation übermittelt wird, wird überhaupt explizit ausgesprochen. Denn wir wissen (meistens), was wir sagen müssen und was wir beim Gesprächspartner als geteilten Hintergrund voraussetzen können. Vieles müssen wir nicht aussprechen, weil es reicht, auf die Welt zu verweisen. Denn diese ist freundlicherweise so stabil, dass wir uns Details nur selten merken müssen und in der Regel mit groben Hinweisen zurechtkommen: Da hinten musst du abbiegen. Und was »da hinten« ist, wird der andere schon verstehen. Wenn Sie sich davon überzeugen möchten, wie wenig Sie im Kopf haben (müssen), versuchen Sie einmal, einen 50-Euro-Schein aus dem Kopf zu zeichnen.

Oder ein Fahrrad. Wie war das noch genau mit den Pedalen und den Stangen und der Kette? Vieles andere müssen wir nicht thematisieren, weil es sich aus der Situation ergibt. Deshalb kommen Menschen auch zurecht, wenn der andere nicht »Würden Sie mir bitte das Salz reichen« sagt, sondern auf das Salz zeigt und etwas wie »Gibsemal?« grummelt.

Doch was sich für uns von selbst versteht, versteht sich für die künstlichen Systeme nach lange nicht von selbst. Denn weil wir die offensichtlichsten Dinge am seltensten thematisieren, finden sie sich auch selten in den Texten, mit denen die lernenden Systeme trainiert werden. Wer weist schon explizit darauf hin, dass er ein Glas festhält, weil es herunterfallen würde, wenn er es nicht täte?

8

Mit den großen Sprachmodellen haben wir heute sehr gute, aber eben nicht immer zuverlässige Programme, die manchmal nach wie vor auf kuriose Weise missverstehen, was man von ihnen möchte, und damit zeigen, dass sie die Welt ganz anders sehen als wir. Können da noch mehr Daten und noch größere Rechenzentren helfen? Oder die Kombination unterschiedlicher kleinerer Subsysteme (»Experten«) für unterschiedliche Fähigkeiten, sind es doch gerade die sehr allgemein aufgestellten Systeme, die mit Problemen zu kämpfen haben?

Vielleicht würde eher etwas so Unspektakuläres wie der sogenannte gesunde Menschenverstand helfen. Was dies genau ist, ist alles andere als klar, manchmal heißt es, es sei in etwa das, was ein siebenjähriges Kind über die Welt weiß. Vielleicht, so der KI-Forscher Yann LeCun, besteht der gesunde Menschenverstand aus einer Sammlung von Modellen, die uns sagen, wie die Welt funktioniert, oder sogar nur aus einem einzigen Weltmodell. Dieses werde in den ersten Lebenswochen und -monaten erlernt und bilde die Grundlage dafür, dass wir trotz unvollständiger Wahrnehmungen und unvollständigen Wissens in der

Regel zurechtkommen, dass wir uns denken können, was der andere gemeint hat, wie eine Handlung oder ein Ereignis sich weiterentwickeln wird, dass wir einschätzen können, was sein kann und was eher nicht.

Aber wie kommt ein großes Sprachmodell an den gesunden Menschenverstand? Kann es den aus noch mehr Daten destillieren? Vielleicht ist der radikale Gegenentwurf, den Alan Turing in seinem 1967 im *Kursbuch* abgedruckten Aufsatz beschrieben hat, erfolgversprechender. Er schlug vor, einen Roboter zu bauen, ihn mit Sinnesorganen auszustatten und ihn wie ein Kind zu unterrichten. Als Turing seinen Vorschlag formulierte, war an seine technische Umsetzung noch nicht zu denken. Heute wird daran gearbeitet: an Robotern und Avataren, die nach Art von Kleinkindern, getrieben von einer künstlichen Neugier, erst ihren Körper und seine Bewegungsmöglichkeiten und dann die Welt erkunden, die sich auf Spielplätzen tummeln und mit anderen gemeinsam lernen; die mit Bilder-Wortpaaren trainiert werden, die nicht aus den üblichen Datenbanken stammen, sondern aus der echten Interaktion von Eltern und Kindern. Bislang ist das Grundlagenforschung, wie weit es führen wird, ist nicht abzusehen. Doch es könnte sein, dass wir Systeme, die die Sprache wirklich meistern, erst bekommen, wenn wir mit dem Körper und seinen Sinnesorganen, der Umwelt und den Sozialkontakten Faktoren in den Fokus der KI-Forschung rücken, die man in den 1950er-Jahren kaum als Teil von oder Bedingung für Intelligenz betrachtet hätte.

9

Warum ist es Computern so lange so schwergefallen, natürliche Sprache zu lernen? Warum fällt es ihnen bis heute schwer? Zuerst ist man mit der regelbasierten KI einem Weg gefolgt, der nur einen sehr kleinen Teil menschlichen Denkens nachbilden konnte. Dann hatte man lange nicht genügend Ressourcen, um dem zweiten, dem erfolgreicheren Weg des maschinellen Lernens mit Künstlichen Neuronalen Netzen weit genug zu folgen. Auf diesem Weg ist man inzwischen sehr weit gekommen, doch nicht bis ins Ziel. Denn nach wie vor fehlt den Systemen die Verankerung in der Welt, die der Mensch über seinen Körper, seine Sinnesorgane und seine Empfindungsfähigkeit herstellt.

Vieles, was uns schwerfällt, ist in Computersystemen relativ leicht zu realisieren; vieles, was uns mühelos gelingt, erfordert in künstlichen Systemen einen enormen Aufwand: Dieses nach dem Roboterforscher und Futuristen Hans Peter Moravec benannte Paradox stammt aus den 1980er-Jahren und beschreibt bis heute das Verhältnis von natürlicher und künstlicher Intelligenz. Menschen schwatzen, wo sie gehen und stehen. Doch erst der Versuch, diese Fähigkeit in künstlichen Systemen nachzubilden, vermittelt einen Eindruck davon, was wir da eigentlich können und wie viel diese Fähigkeit umfasst und voraussetzt.

Die Forschung wird die großen Sprachmodelle noch größer machen und zugleich an sparsameren Architekturen arbeiten. Diese sparsameren Systeme werden auf unseren Handys laufen und uns personalisierte Assistenten sein (vorausgesetzt, die Sache mit dem Datenschutz ist geklärt). Wir werden mit ihnen sprechen, wie es früher nur in der Science-Fiction möglich war. Und wir werden auf absehbare Zeit der Anker bleiben, der sie mit der Welt verbindet.

Maren Urner

Von Natur aus …

… sind wir Menschen nichts anderes als emotionale Blobs auf – in den meisten Fällen – zwei Beinen.

Wie bitte? Was? Was sagt beziehungsweise schreibt die Neurowissenschaftlerin?

Ich schreibe das, was ich denke, über die »Funktionsweisen« des Gehirns und damit unseres Zusammenlebens verstanden zu haben. Denn Zusammenleben, egal ob in einer Paarbeziehung, in einem Unternehmen oder gesellschaftlich, ist ja nichts anderes als das Zusammentreffen und Kommunizieren vieler Gehirne – und der dazugehörigen Menschen natürlich.

Was also meine ich mit Blobs? Der Begriff ist mir ans Hirn gewachsen und war eigentlich eine Notlösung, als es in einer Debatte mal wieder darum ging, dass wir »Gefühle« und »Verstand« bitte voneinander trennen sollten. Ich konnte nicht länger an mich halten angesichts der Ignoranz gegenüber einem gewaltigen Korpus an Forschungsliteratur aus den Neurowissenschaften, der Psychologie und verwandten Disziplinen der letzten Jahrzehnte (!), die dieser Erzählung direkt widersprechen.

So ergriff ich in der Debatte aufgebracht das Wort: »Wir können doch nur rationale, also zielgerichtete Entscheidungen treffen, weil wir bestimmte Vorlieben und Werte haben. Und die sind immer durch Gefühle bestimmt. Nur weil wir basierend auf unseren Gefühlslagen unterscheiden, können wir uns *für* oder *gegen* etwas entscheiden.« Dann hielt ich kurz inne und schloss meinen Minivortrag mit der Wortschöpfung fast fordernd ab: »Genau genommen sind wir nichts anderes als emotionale Blobs auf zwei Beinen!«

Mittlerweile mag ich den Begriff »Blob« sehr, da schon der Klang des Wortes ganz viel über unser Innenleben vermittelt: wabernd, wuselig und zusammengeballt zugleich. Nichts anderes sind wir »von Natur aus«. Das ist gut und schlecht zugleich. Weil auch völlig klar ist: Mein »Dasein als Blob« ist anders als jedes andere. Es ist immer geprägt von meiner Genetik, meinen Erfahrungen bis zu diesem Moment und den Interaktionen aus beidem. Und die einzige Chance, die wir als Menschen haben, ist – so gut wie möglich – zu kommunizieren, also uns über unsere Natur als emotionale Blobs auszutauschen.

So gesehen ist auch Politik nichts anderes als ein riesiges Gemenge von »emotionalen Blobs«, die versuchen, miteinander klarzukommen (das kann in Extremfällen auch bedeuten, den oder die andere loswerden zu wollen!).

Politik ist also »von Natur aus« ein Aushandeln von Gefühlen, Werten und Überzeugungen. Sie ist die Kommunikation darüber, wie es mir als Individuum sowie uns als Gesellschaft geht und wie es uns vielleicht in Zukunft gehen soll. Wenn dabei alle Beteiligten gute Absichten verfolgen, geht es im Kern darum, ein gutes Zusammenleben der verschiedenen »emotionalen Blobs« zu ermöglichen.

Noch nicht überzeugt? Sträubt sich da was gegen die Vorstellung, dass wir immer und überall vor allem »emotionale Zweibeiner« sind? Dann versuche ich es noch mal von einem leicht anderen Blickwinkel und beginne mit einer Frage: Warum habe ich eine gewisse Überzeugung? Warum will ich ein Tempolimit oder unterstütze das Frauenwahlrecht? Warum bin ich für oder gegen Veggiewurst, Fahrradweg und Zuckersteuer? Ich kann nur faktenbasiert über etwas reden, wenn ich mir vorher klarmache, ich habe diese und jene Überzeugung und dieses oder jenes Gefühl zu einem Thema. Sich das bewusst zu machen zeugt von emotionaler Reife. Habe ich die gelernt, kann ich im zweiten Schritt über diese Einstellungen und Gefühle sprechen. Im besten Falle tue ich das ehrlich und beweise damit kommunikative Reife.

So ist Politik eine der persönlichsten Angelegenheiten, die es gibt. Weil es bei ihr und im Kern immer darum geht, wie wir zusammenleben und in Zukunft leben wollen. Es geht um Ängste und Sorgen, um Werte und Wünsche – also um Emotionen, die uns in jedem Moment unseres Daseins als Blobs durchdringen, leiten und prägen. Von Natur aus ist das so.

Das anzuerkennen kann sehr befreiend sein. Nicht weil dann jedes (Nicht-)Handeln entschuldigt werden kann, sondern weil es uns erlaubt, echte Freiheit zu erleben. Nämlich dem Wunsch folgend, sich bewusst zu entscheiden – das geht nur mit der angesprochenen emotionalen Reife, die uns erkennen und benennen lässt, warum wir gerade Angst, Wut, Freude oder Liebe empfinden und unser Mix daraus uns auf bestimmte Arten (re-)agieren lässt.

Und nun?

Lade ich ein, unser Dasein als emotionale Blobs nicht nur anzunehmen, sondern sogar zu feiern. Uns selbst nicht nur besser verstehen zu lernen, sondern auch über uns zu lachen. Das ist nicht nur befreiend, sondern bereichernd. Für eine gute Politik – wieder im Sinne der Gestaltung unseres Zusammenlebens. Denn die ist nicht »von Natur aus«, sondern das Ergebnis zivilisatorischen Fortschritts. Den sollten wir mit Haut und Hirn bewahren!

Landschaftslektüre

Hansjörg Küster († 26. Februar 2024)

Ein Nachruf von Sven Murmann

Die ökologische Krise und ihre Folgen haben bei mir zunächst die Überzeugung verstärkt, die Natur möglichst in Ruhe zu lassen. Die Selbsterkenntnis, dass dieses Natur(schutz)verständnis ein unreflektierter Wunsch war, der zugleich keinen Legitimationsgrund für Naturausbeutung abgeben kann, habe ich im Wesentlichen der Lektüre von Hansjörg Küsters Texten zu verdanken. Denn beim Erhalt unserer Lebensgrundlagen und Umgebungen, von und in denen wir leben, geht es weniger um den Schutz wilder, unberührter Natur, sondern vielmehr um das Austarieren unseres Verhältnisses zu dem System, das immer schon von menschlich-zivilisatorischer Einflussnahme, einer zerstörenden wie nutzenden und pflegenden, mitgeprägt ist: die Landschaft, in der natürliche Dynamiken, technische Eingriffe und kulturelle Verständnisprozesse zusammenlaufen.

Als Naturwissenschaftler eröffnete mir Hansjörg Küster mit seinem Konzept von Landschaft neue kulturhistorische, philosophische, literarische und ästhetische Verbindungslinien. Das gegensätzliche Denken – Natur (Wildnis) versus Kultur (Zivilisation) – wich der Perspektive des Zusammenwirkens von Natur und Kultur in landschaftlichen Systemen. Da ich (geisteswissenschaftlich geprägt) die ökologische Perspektive primär moralisch – oder wie Hansjörg Küster sagen würde: »weltanschaulich« – verstand, wirkte diese Sichtweise eines Pflanzenökologen auf das Konzept der Landschaft horizonterweiternd, fast befreiend.

Die Lektüre von Küsters Texten vermittelte mir, neben der beeindruckenden Interdisziplinarität, die souveräne Haltung des Autors im Sinne einer teilnehmenden Distanz gegenüber ihrem Gegenstand.

Im *Kursbuch 179* beschreibt er seine Landschaftswissenschaft als eine »Disziplin, die sowohl Natur als auch Kultur im Sinne von Ideen und Metaphern untersucht. Ideen und Metaphern sind wichtig: Irgendwann nämlich begannen Menschen, über ihre Umwelt zu reflektieren, die nicht mehr nur Natur war, sondern eine Landschaft, die sowohl von Natur als auch von Kultur geprägt war«.[1]

Als Landschaftswissenschaftler sensibilisierte Küster meinen Blick mit seinen Schriften auf die vielfältigen Medien und Stile kultureller Rekonstruktionen von Landschaft durch Bilder, Metaphern, literarische Schilderungen, Filme oder Fotografien. »Alles Belebte und Unbelebte wird in Zusammenhänge gestellt, wenn Landschaft betrachtet wird«, schreibt Küster in seiner *Kleinen Geschichte der Landschaft*.[2]

Der Landschaftsdenker Hansjörg Küster hat den Menschen beobachtet, wie dieser die Landschaft analysierend oder verstehend betrachtet, über sie schreibt oder dichtet oder sie malt: »Zu Landschaft gehört auch immer eine Reflexion. Wenn wir Landschaft sehen, interpretieren wir sie.«[3]

Kulturelle Aneignungen von Landschaft, ideelles Hinzutun, sachliche Begriffe, wissenschaftliche Kategorisierungen sowie poetische Beschreibungen und Metaphern ergeben Zusammenstellungen, in denen Landschaften repräsentativ erzeugt werden. So erfinden wir spezielle Beschreibungen, wie die *Holsteinische Schweiz* oder die *Industrielandschaften* des Ruhrgebiets, oder verbinden Landschaftserfahrungen mit speziellen Stimmungsbildern, wie beim Anblick des Waldes oder der Gebirgslandschaften der Alpen. Dies alles von ihm lernend, durfte ich Hansjörg Küsters Wissenschaft im Sinne einer Landschaftshermeneutik erfahren.

Dass dieser große Geist mich neben seinen naturwissenschaftlichen Fachbeiträgen auf seinen ausgiebigen wissenschaftlichen Erkundungen durch Wald-, Fluss-, Gebirgs- oder Stadtlandschaften im Genre des verstehenden, erklärenden und erzählenden Sachbuchs mitgenommen hat, möge an diesem Ort einer eigenen Erwähnung würdig sein. Hansjörg Küsters Texte sind schildernde, reflektierende, rekonstruierende, teilhabende und empathische Landschaftsbewohner.

Die Vielzahl seiner Werke hat Hansjörg Küster in anderen Verlagen veröffentlicht. Dankbar bin ich für die wenigen verlegerischen Berührungspunkte[4], die ich mit diesem herausragenden Wissenschaftler und Intellektuellen hatte, auch wenn diese angesichts der Fülle seines Werkes nur skizzierende Hinweise auf Wege in die vielschichtige und eindrucksvolle Textlandschaft von Hansjörg Küster sind.

Anmerkungen

1 Hansjörg Küster: »Mensch und Natur«, in: Armin Nassehi, Peter Felixberger (Hrsg.): *Kursbuch 179*. Hamburg 2014, S. 57 f.

2 Hansjörg Küster: *Schöne Aussichten. Kleine Geschichte der Landschaft*. München 2009, S. 11.

3 Ebd., S. 15.

4 S. neben Anm. 1 auch: Hansjörg Küster: *Nordsee. Geschichte einer Landschaft*. Kiel/Hamburg 2015.

Die Autoren und Autorinnen

Jürgen Dollase, geb. 1948, ist Gourmetkritiker und -journalist. Zuletzt erschien *Völlerei. Das große Fressen.*

Peter Felixberger, geb. 1960, ist Programmgeschäftsführer der Murmann Publishers und Mitherausgeber des *Kursbuchs*. Seine Bücher erschienen bei Hanser, Campus, Passagen und Murmann. Dort auch sein wichtigstes: *Wie gerecht ist die Gerechtigkeit?*

Jan-Niclas Gesenhues, geb. 1990, ist Umweltpolitiker und seit Februar 2024 Parlamentarischer Staatssekretär im Bundesumweltministerium. Zuletzt erschien *Offensiver Umweltschutz. Wie wir Natur und Wohlstand retten können.*

Berit Glanz, geb. 1982, lebt als Autorin und Literaturwissenschaftlerin in Island. Zuletzt erschien ihr Roman *Automaton.*

Christiane Grefe, geb. 1957, war von 1999 bis 2023 Reporterin und Redakteurin der *ZEIT*. Heute arbeitet sie als freie Autorin mit Schwerpunkt auf Landwirtschaft und Klimapolitik, Entwicklungspolitik sowie Gesundheit. Zuletzt erschien *Der Grund. Die neuen Konflikte um unsere Böden – und wie sie gelöst werden können.*

Florian Heinen, geb. 1960, ist Leiter der Kinderneurologie im LMU Klinikum München, Dr. von Haunersches Kinderspital, und Herausgeber der Reihe »Pädiatrische Neurologie«. 2024 erscheint die zweite Auflage des Lehrbuches *Pädiatrische Neurologie – Neuropädiatrie.*

Nicole C. Karafyllis, geb. 1970, ist Professorin für Philosophie an der Technischen Universität Braunschweig. Zuletzt erschien *The contaminated library. Microbes in book culture* (hg. mit Jörg Overmann, Ulrich J. Schneider und Christoph Mackert).

Roman Köster, geb. 1975, ist Historiker und wissenschaftlicher Mitarbeiter der Historischen Kommission der Bayerischen Akademie der Wissenschaften. Zuletzt erschien *Müll. Eine schmutzige Geschichte der Menschheit.*

Manuela Lenzen, geb. 1967, ist Philosophin und schreibt als freie Wissenschaftsjournalistin über Kognitionsforschung und künstliche Intelligenz. Zuletzt erschien *Der elektronische Spiegel. Menschliches Denken und künstliche Intelligenz.*

Sven Murmann, geb. 1967, ist geschäftsführender Gesellschafter der Kursbuch Kulturstiftung und Verleger von Murmann Publishers.

Armin Nassehi, geb. 1960, ist Soziologieprofessor an der Ludwig-Maximilians-Universität München und Mitherausgeber des *Kursbuchs.* Zuletzt erschien *Gesellschaftliche Grundbegriffe. Ein Glossar der öffentlichen Rede.*

Wendy S. Parker, geb. 1975, ist Philosophieprofessorin an der Virginia Tech in Blacksburg. Ihre Forschungsschwerpunkte sind Wissenschaftsphilosophie und Philosophie des Klimas. Zuletzt erschien *The Epistemic Projection Approach to Values in Science.*

Eva von Redecker, geb. 1982, ist Philosophin und freie Autorin. Sie beschäftigt sich mit Kritischer Theorie, Feminismus und Kapitalismuskritik. Sie lebt im ländlichen Brandenburg. Zuletzt erschien *Bleibefreiheit.*

Jan Schwochow, geb. 1968, ist freier Infografiker, Journalist und Publizist. Sein Handwerk lernte er bei den Magazinen *stern* und *Max* sowie der Berliner Agentur KircherBurkhardt. Bis 2019 Gründer und Leiter der Agentur Golden Section Graphics in Berlin (heute Sapera). Zuletzt erschien *Die Welt verstehen mit 264 Infografiken.*

Olaf Unverzart, geb. 1972, lebt als Fotograf und Künstler in München und der Oberpfalz. Für seine in Ausstellungen und Publikationen gezeigten Arbeiten erhielt er zahlreiche Auszeichnungen. Zuletzt erschien *Walking Distance*.

Maren Urner, geb. 1984, ist Professorin für Medienpsychologie an der HMKW Hochschule für Medien, Kommunikation und Wirtschaft. Zuletzt erschienen: *Radikal emotional. Wie Gefühle Politik machen*.